Wie ist das mit ... dem Essen

Sylvia Becker-Pröbstel

Wie ist das mit … dem Essen

Mit farbigen Bildern von

Sandra Reckers

gabriel

Inhalt

Richtiges und gutes Essen – ein Kinderspiel?

Möhren wachsen nicht in Dosen, aber wo kommen sie her, unsere Lebensmittel, und was wird aus ihnen gemacht? Warum essen wir so gerne Süßigkeiten, mögen aber kein Gemüse? Gibt es überhaupt gesunde und ungesunde Lebensmittel? Was ist, wenn die Zusammensetzung nicht stimmt? Was hat Essen und Trinken mit deinen Schulnoten zu tun? Ist Barbie schön und kann sie überhaupt auf eigenen Füßen stehen? Und was ist eigentlich ein Puddingvegetarier? Die Antworten findest du in diesem Buch.

Ich erkläre dir aber auch, wie du ganz nach deinem persönlichen Geschmack deine Ernährung optimal zusammensetzen kannst, damit du topfit und schlau wie Einstein wirst, deine Zähne auch im Alter noch beißen können und dich starke Knochen gesund durchs Leben tragen. Der ständige Stress mit deinen Eltern am Esstisch? Kein Thema mehr, denn am Ende des Buches wirst du Familienexperte in Sachen Essen und Trinken sein. Das ist, du wirst es kaum glauben, kinderleicht.

Was, wie viel, wie oft und wovon ist eigentlich richtig und wichtig – das fragst du dich vermutlich gerade dann, wenn du nicht weißt, wie du dich entscheiden sollst. Du hast das Vollkornbrot mit Käse im Ranzen, doch in der Pause holst du dir trotzdem lieber den Schokoladenriegel und eine Limo am Schulkiosk. Oder deine Eltern warten zu Hause mit einem Gemüseauflauf und du würdest zu gern mit deinen Freunden einen Burger verdrücken. Oder deine Oma sagt, dass du noch was Gesundes essen musst und schiebt dir einen bunten Salatteller unter das Kinn. Du möchtest aber in diesem Moment lieber in aller Ruhe mit einer Tüte Chips vor dem Fernseher sitzen. Jetzt stocherst du in den grünen Blättern herum, weil du es dir mit deiner Oma nicht verscherzen möchtest und weil du dich ärgerst, dass du statt immer größer einfach nur runder wirst.

Diese Situationen hast du bestimmt schon mal erlebt und sie werden sicher auch immer wieder auftauchen. Doch du kannst lernen, viel besser damit umzugehen. Du wirst sehen, so schwer ist es gar nicht. Denn schließlich stellst du fest: Richtig essen und trinken mit Genuss und Spaß macht fit und schmeckt! Und das möchte ich dir in diesem Buch zeigen.

Woher kommen unsere Lebensmittel?

CHEESEBURGER WACHSEN NICHT IM SCHNELLRESTAURANT

»Au ja, wir nehmen Paul mit!«, ruft Robin begeistert.

»Wenn Paul Lust hat und seine Eltern es erlauben«, erwidert Frau Maschek freundlich und zieht ihre Jacke an.

»Auf dem Bauernhof einkaufen?«, fragt Paul erstaunt. »Na klar, das machen wir oft. Da gibt es einen Hofladen und man kann sich alle Tiere angucken. Komm, wir fragen deine Mama«, sagt Robin.

Herkunft und Herstellung von Grundnahrungsmitteln

Auf dem Bauernhof kümmern sich viele Menschen um die Herstellung und den Verkauf unserer Grundnahrungsmittel. Dazu gehören Getreide, wie Weizen und Reis, Kartoffeln, Hülsenfrüchte, wie Erbsen, Linsen und Bohnen, Fisch, Fleisch, Milch und Eier. Schweine und Rinder liefern uns Fleisch und Wurst. Kühe produzieren für uns die Milch, aus der Käse, Joghurt, Butter, Sahne und Quark hergestellt werden. Die Hühner legen die Eier und du isst bestimmt auch gerne Hähnchenfleisch. Aus Schafswolle kann man Pullover stricken und auch das Fleisch, die Milch und der Käse der Schafe schmecken sehr gut.

Während die beiden Pauls Mutter anrufen, holt Frau Maschek schon mal das Auto aus der Garage.

Die Autotür fliegt auf und Robin springt raus.

»Los, Paul, wir schauen uns die Tiere an!«, ruft er aufgeregt.

Paul schaut sich zögernd um, rümpft die Nase und zieht schnell seinen Pulli hoch: »Puh, hier stinkt's!«

»Landluft ist kein Rosenduft«, reimt Robins Mutter fröhlich. »Mehr davon gibt's im Kuhstall.«

»Ja, wir gehen in den Kuhstall!«, ruft Robin begeistert. »Komm, ich zeige dir Anton.« Robin rennt los und Paul trottet langsam hinterher.

»Ihr findet mich im Laden!«, ruft ihnen Frau Maschek noch hinterher. Vorsichtig öffnet Robin die knarrende Stalltür.

»Muh Muh Muhuh«, tönt es vielstimmig und vierzig große braune Kuhaugen mustern die Eindringlinge skeptisch. Paul bleibt stehen und hält sich die Nase zu. »Mann, das stinkt ja schrecklich. Müssen wir da rein?«, beschwert er sich unwillig.

»Hier drinnen ist es nicht mehr so schlimm, nun stell dich nicht so an«, lockt Robin. Mutig wagt sich Paul ein paar Schritte weiter in den Stall hinein. Klatsch! Ein Rinderschwanz landet genau in seinem Gesicht.

»Aua, du blöde Kuh!«, brüllt Paul total erschrocken und springt zur Seite. Sein Fuß versinkt in etwas Warmem und Weichem.

»Hallo, das war die Rinderschwanz-Fliegenklatsche«, tönt es fröhlich aus dem Dunkel des Stalls und ein quietschgrünes Kopftuch mit einem frechen Gesicht darunter taucht auf. Die kleine Frau steckt in einem schmutzigen blauen Overall und arbeitet sich mühsam unter der Kuh hervor.

Von Bauernhöfen und Biolebensmitteln

Es gibt herkömmliche Bauernhöfe und Biohöfe, die ohne Pflanzenschutzmittel, mit wenig Dünger und sehr umweltbewusst arbeiten. Die Tiere bekommen natürliches Futter und haben mehr Auslauf. Auf einigen Bauernhöfen kann man einkaufen und sich ein Bild vom vielfältigen Hofleben machen. Man kann nicht sagen, dass Bio-Obst und -Gemüse grundsätzlich die wertvolleren Lebensmittel sind. Das hängt von der Sorte und z. B. dem Frischezustand ab. Jeder Apfel verliert Vitamin C, wenn er lange im Laden liegt. Der Geschmack und der Geruch sind bei Bioprodukten oft intensiver und sie haben weniger Schadstoffe. Biolebensmittel erkennst du am »Bio-Siegel«.

»Entschuldigung, ich habe gerade die Melkmaschine angehängt, da wird schon mal mit dem Schwanz gewedelt. Ah, hallo Robin«, freut sie sich über den Besuch.

»Hallo, Emma«, grüßt Robin.

»Und, alles klar bei dir?«, will Emma von Paul wissen, der seine Backe reibt und mit entsetzten Augen auf seinen rechten Turnschuh starrt. Und dann erschüttert ein durchdringendes »Iiiiiiiiihhh« den ganzen Kuhstall.

»Ups, du bist in Lisas Kuhfladen gelandet«, stellt Emma gelassen fest und beseitigt kurz entschlossen den gröbsten Mist mit einem Strohbündel. Paul trägt es mit Fassung, beobachtet Emma schweigend und mit einem »Musst du halt zu Hause in die Waschmaschine werfen« ist das Thema für Emma erledigt.

»Mutprobe, hier steck mal den Finger rein«, lenkt sie ihn schnell ab und streckt ihm einen Melkbecher entgegen. Völlig überrumpelt macht Paul, was Emma sagt.

»Autsch, das reißt mir ja die Finger ab!«, ruft er empört und zieht schnell die Hand zurück. Robin steht mit einem vielsagenden Grinsen daneben.

»Tut das den Kühen nicht weh?«, will Paul wissen, der sich schnell von dem Schreck erholt und seinen stinkenden Schuh scheinbar schon vergessen hat.

»Nein, im Gegenteil«, lacht Emma, »die Kühe finden das angenehm.«

Paul schaut verwundert auf die Euter, an denen die Melkbecher baumeln und will noch wissen, was mit der Milch passiert.

»Wird getrunken und verarbeitet, zu Käse und Quark und so, willst du mal probieren?«

»Ne danke, ich trinke nur Milch aus der Tüte«, lehnt Paul leicht angeekelt ab.

»Was glaubst du denn, woher die Milch aus der Tüte kommt?«, fragt Emma.

»Keine Ahnung«, sagt Paul. »Etwa von dieser Kuh?«, fragt er und verzieht das Gesicht.

»Na klar, oder hast du geglaubt, Milch regnet vom Himmel? Sag mal, du warst wohl noch nie auf einem Bauernhof«, meint Emma und wendet sich Robin zu. »Erklär mal deinem Freund, was mit der Milch passiert. Du hast doch den Melkkurs mitgemacht.«

Mit wichtiger Miene erklärt Robin: »Also, die Milch

kommt in einen großen Tank. Dann wird sie von einem riesigen silbernen Tankwagen abgeholt. Der fährt dahin, wo noch mehr Milch gesammelt wird. Die Milch wird hoho…mo…homoliert und pastisiert. Dann kommt sie in die Milchtüte und wir können sie kaufen.«

»Hey, super, Robin«, lobt Emma begeistert, »fast richtig. Du meintest wohl homogenisiert und pasteurisiert. Einen Teil der Milch verarbeiten wir hier am Hof zu Sahne, Käse und Butter. Wenn ihr wollt, könnt ihr den Käse im Laden probieren.«

»Wie probieren?«, fragt Paul, »das ist doch alles in Plastikverpackungen?«

Von der Kuh ins Glas

Die unbehandelte Milch, die Rohmilch, wird im Sammelwagen zur Molkerei transportiert und dort kontrolliert. Wenn alles ok ist, wird die Milch in Rahm (Milchfett) und Magermilch getrennt. Dann entscheiden sich die Leute von der Molkerei, was für eine Milch sie haben wollen, und setzen das Fett wieder zu. So entsteht Magermilch, Vollmilch oder fettarme Milch. Die Milch wird dann durch ganz feine Düsen gepresst, die Fetttröpfchen werden winzig klein und können sich nicht mehr oben auf der Milch absetzen wie bei der Rohmilch. Diese »homogenisierte« Milch wird anschließend noch erhitzt, das nennt man »pasteurisieren«. Dadurch bleibt sie länger haltbar.

»Nein«, meint Emma kopfschüttelnd, »bei uns sind die Sachen frisch, und bevor du was kaufst, kannst du probieren, ob es dir schmeckt.«

»Und wenn nicht?«, fragt Paul nach.

»Dann kaufst du eben nicht und probierst was anderes.«

»Das ist ja cool. Wir gehen jetzt probieren«, sagt Paul zu Robin und rennt zur Stalltür.

»Stooop!«, schreit Robin, »ich will noch zu Anton.«

»Zu Anton? Anton wurde geschlachtet, wer weiß,

vermutlich haben sie Hackfleisch aus ihm gemacht«, murmelt Emma leise.

»Hackfleisch, du meinst ein echter Burger ist er jetzt?«, fragt Paul ziemlich taktlos. »So wie die Hamburger aus der Tiefkühltruhe?«

»Was weiß ich, keine Ahnung. Wisst ihr, die Tiere werden zum Schlachthof gebracht und dann getötet und anschließend als Tierhälften an Metzgereien und den Großhandel verkauft und dort verarbeitet«, sagt Emma, fährt sich mit der Hand über die Stirn und schiebt mit dem Fuß ein paar Strohhalme zur Seite.

Was man mit Grundnahrungsmitteln alles machen kann

Grundnahrungsmittel werden in großen Fabriken, beim Bäcker, Metzger oder auch zu Hause weiterverarbeitet. Du hast bestimmt schon Käse gerieben oder beim Metzger zugesehen, wie er Hackfleisch macht. Aus Getreidekörnern mahlt man Mehl, aus Milch wird mit Hilfe von besonderen Bakterien Joghurt oder Käse hergestellt.

Manchmal werden Grundnahrungsmittel sogar so verändert, dass du sie nicht mehr erkennst. Tofukäse wird aus Sojabohnen gemacht, Chips aus Kartoffeln und Schokoküsse bestehen innen aus gezuckertem Eiweißschaum.

»Ja, ich weiß schon, zu Gulasch, Schnitzel, Wurst und so«, ergänzt Robin und schluckt.

»Und zu Burgern«, sagt Paul.

»Na, du liebst wohl Burger.« Emma lächelt schwach. Dann wird sie wieder energisch. »So, ihr beiden, jetzt muss ich aber weitermachen, sonst treten mir die Kühe gleich in den Hintern. Wenn ihr Lust habt, lauft in die Backstube, dort backt Maria Brötchen und Kekse.«

»Hallo, Robin, ihr kommt genau richtig«, empfängt eine weißgekleidete, rundliche Frau mit völlig mehlverstaubten schwarzen Haaren Paul und Robin. Schweißperlen stehen ihr auf der Stirn.

»Dich kenn ich noch nicht«, versucht Maria den Lärm in der Backstube zu übertönen und strahlt Paul mit ihren blauen, lachenden Augen an.

»Das ist Paul, mein Freund!«, schreit Robin zurück. Paul steht da und staunt. Überall züngeln orangefarbene Flammen in Öfen, in denen unzählige Brote braune Krusten bilden.

Es ist heiß. Riesige Schüsseln drehen sich auf großen Maschinen. Es ist laut und … es riecht gut. Auf langen Tischen liegen helle und dunkle Brote. Obst- und Streuselkuchen stehen in den Regalen. Auf meterlangen Blechen reihen sich Hunderte von Plätzchen aneinander und verbreiten einen köstlichen Duft.

»Hier, frisch aus dem Ofen. Wollt ihr mal probieren? Die sind eine Spezialität von mir.«

Brot – auf der ganzen Welt ein wichtiges Nahrungsmittel

Brot kennt man auf der ganzen Welt – seit über tausend Jahren. Es ist eines der wichtigsten Nahrungsmittel. Brot enthält fast alles, was du zum Leben brauchst.

Man kann es aus verschiedenen Getreidesorten wie Weizen, Roggen, Gerste und Hafer herstellen. Die Getreidekörner, der Mais oder die Hirse werden zu Mehl gemahlen und mit Wasser vermischt. Daraus wird ein Teig geknetet und gebacken. Das ist das einfachste und älteste Brotrezept. Dieses Brot wird beim Backen aber sehr hart. Backpulver oder Hefe machen das Brot locker.

Baguette ist das Brot der Franzosen, Fladenbrote werden in den arabischen Ländern gegessen, die Amerikaner lieben das Toastbrot und die Mexikaner die Tortillas.

Als könnte sie Gedanken lesen, hält Maria den Jungs eine Schüssel mit herrlich duftenden Johannisbeerplätzchen unter die Nase.

»Mmh, die sind aber lecker«, meint Paul, nimmt sich gleich noch zwei und schleckt erst mal genüsslich den Zuckerguss ab.

»Stopp!«, schreit Maria, als sich Paul und Robin mit

beiden Händen die Taschen vollstopfen wollen. »Macht mal die Augen zu und den Mund auf.« Honigsüße Kekse zerfließen buttrig, nussig auf der Zunge und schmecken nach … Weihnachten.

»Das ist meine neueste Erfindung, die könnt ihr ab heute im Laden kaufen. Die anderen Leckereien natürlich auch«, strahlt Maria stolz.

»Ich nehme welche mit«, ruft Paul begeistert. »Und was macht ihr mit den vielen Broten und Brötchen?«, will er noch wissen.

»Die verkaufen wir hier im Laden oder auf dem Markt und einen Teil liefern wir an Bäckereien. Wollt ihr ein paar Brötchen mitnehmen?«

»Na klar«, rufen die Jungs wie aus einem Mund. »Dann können wir zu Hause Cheeseburger machen«, ergänzt Paul begeistert.

Und dann machen sie sich auf den Weg, von Maria ausgestattet mit einer Plätzchentüte und ofenwarmen Brötchen. Mit vollen Bäuchen und ausgebeulten Taschen erscheinen Paul und Robin im Hofladen. Robins Mutter probiert gerade verschiedene Käsesorten. Im Einkaufswagen liegen Möhren neben dunklem Mehl und Joghurtbechern. Rote Paprika und gelbe Weintrauben schauen aus braunen Papiertüten hervor, ebenso wie grüner Kopfsalat und saftige Tomaten.

»Schau mal, Nachtisch!« Stolz hält Robin seiner Mutter die Kekstüte unter die Nase, während Paul die Brötchen aus seiner Tasche zieht.

»Na, da war Maria ja mal wieder großzügig. Habt ihr überhaupt noch Hunger oder kommen euch die Kekse schon zu den Ohren heraus?«, fragt Frau Maschek und lächelt verständnisvoll.

»Wir haben Hunger, Hunger, Hunger, wir wollen Cheese-Cheeseburger«, singen die Jungs im Hip-Hop-Rhythmus.

»Oh, das ist eine prima Idee! Vorher findet allerdings eine Großreinigung statt«, meint Frau Maschek mit

Blick auf die mehlbestäubte Jacke von Robin und auf Pauls rechten Schuh. Sie gehen zur Kasse, bezahlen und machen sich auf den Heimweg. Aufgeregt erzählen die beiden von ihren Erlebnissen. Im Auto riecht es nach Kuhstall.

»Schuhe aus, Jacken aus und Hände waschen!«, ruft Frau Maschek, als sie die Haustür aufschließt. Widerwillig gehorchen die Jungen, ziehen die dreckigen Schuhe vor der Haustür aus, hängen die Jacken in die Garderobe und verschwinden dann im Badezimmer. Robins Mutter hört, wie die Jungen kichern und sich gegenseitig nass spritzen.

»Wolltet ihr mir nicht beim Kochen helfen?«, ruft sie in den Flur.

»Ich dachte, es gibt Cheeseburger?«, fragt Paul wenig später, als die beiden in die Küche stürmen.

»Klar, die machen wir doch jetzt«, sagt Robins Mutter und legt Karotten, Salat und Zwiebeln auf den Küchentisch.

»Aus diesem Zeugs sollen Cheeseburger werden?«, empört sich Paul und hält die Karotten hoch. »Diese Möhren haben ja grüne Haare, sehen aus wie Hasenfutter und so was soll ich essen?«

»Na klar, dann wachsen dir Hasenzähne und große Ohren, damit du besser hören kannst«, spottet Robins Mutter und lacht.

»Warte mal ab«, meint Robin, »Mamas Cheeseburger sind total lecker.«

»Robin, hol mir mal das Hackfleisch und den Käse aus dem Kühlschrank«, bittet ihn seine Mutter.

»Igitt, das Fleisch blutet ja!«, ruft Paul, als er das Hackfleisch sieht.

»Was ist los mit dir? Hast du noch nie Fleisch gesehen?«, fragt Frau Maschek etwas verwundert.

»Doch klar, aber die Burger liegen bei uns fertig in der Tiefkühltruhe, die Brötchen sind in der Plastiktüte, die Möhren kommen aus der Dose, aber den Cheeseburger, den holen wir sowieso meistens im Burgerladen um die Ecke.«

»Aah«, meint Robins Mama, »das ist auch eine Möglichkeit.«

Fertignahrungsmittel

Du hast bestimmt schon mal Tütensuppe oder Tiefkühlpizza gegessen. Diese Lebensmittel sind schnell zubereitet, meist muss man sie nur noch warm machen. Sie sind geputzt, vorgekocht, in Dosen verpackt, getrocknet oder tiefgekühlt. Bei der Verarbeitung gehen aber oft Farbe, Geschmack und Geruch verloren. Damit diese Lebensmittel schmecken und schön aussehen, müssen verschiedene Sachen, wie z. B. Farbstoffe, hinzugefügt werden. Die Herstellung solcher Lebensmittel kostet viel Geld und die Verpackungen belasten unsere Umwelt.

Ruck, zuck hat Frau Maschek die Zutaten in einer Schüssel gemischt und mit der tatkräftigen Unterstützung von Robin und Paul sind die Burger im Nu fertig. Auf dem Tisch stehen bereits die frischen Brötchen von Maria, der Salat, der Gouda-Käse und das Ketchup. Hungrig stapeln Robin und Paul ihre Cheeseburger.

»Mmh, schmeckt echt lecker«, meint Paul spontan nach dem ersten Bissen in den saftigen Cheeseburger. »Ganz anders als bei uns zu Hause. Und wenn es nach mir ginge, könnte jetzt jeden Tag so ein Bauernhof-Backstuben-Burger-Tag sein!«

SELBER HERSTELLEN MACHT SPASS UND SCHLAU

Es ist ein Familienereignis, wenn sich alle gemeinsam an der Speiseplanerstellung, am Einkauf und an der Vor- und Zubereitung des Essens beteiligen. Die Erfahrungen, die du dabei machst, kannst du sogar in der Schule gut gebrauchen. Kinder, die im Haushalt mithelfen, haben oft bessere Schulnoten. Denn du übst ganz nebenbei zu planen, zu organisieren und zu rechnen. Beim Einkaufen lernt man mit Zahlen und Gewichten umzugehen. Beim Kochen musst du auf die Zeit achten, damit Kartoffeln, Hähnchenbrust und Gemüse gleichzeitig auf den Tisch kommen. Schnippeln, Schälen und Rühren ist Gehirnjogging und beim Abschmecken trainierst du deinen Geschmackssinn.

Verabrede mit deinen Eltern, dass du einmal in der Woche für eine Mahlzeit verantwortlich bist. Du kannst so richtig kreativ sein und kochen, worauf du Lust hast. Außerdem kannst du deinen Gerichten lustige oder schaurige Namen geben. Aus der blutroten Tomatensuppe wird dann eine »Vampirsuppe« und aus dem Wurstsalat ein »Tante-Rosa-Fraß« – du wirst sehen, dann schmeckt es gleich noch besser.

REZEPT: BRÖTCHEN ZUM SELBERBACKEN

Vielleicht hast du beim Lesen Appetit bekommen und möchtest auch etwas Leckeres backen wie Maria. Dann versuch doch mal Folgendes:

Schnelles Brötchenrezept für zu Hause

Du brauchst:

- 1 große Schüssel
- 1 Kochlöffel
- 1 Backblech mit Backpapier

Und für den Teig:

- 150 Gramm Weißmehl
- 100 Gramm Vollkornmehl
- 30 Gramm Haferflocken
- 3 Teelöffel Backpulver
- 1 Prise Salz
- 250 Gramm Magerquark
- 1 Ei

Gib die Zutaten in eine Schüssel und verrühre alles gut miteinander. Knete so lange, bis ein geschmeidiger Teig entstanden ist. Forme Brötchen und backe sie bei 200 Grad ca. 15 Minuten im Backofen. Du kannst den Teig mit Nüssen, Sonnenblumen- oder Kürbiskernen,

Mohn, Sesam oder Kräutern »aufpeppen«. Diese Brötchen wären dann eine prima Basis für deinen selbst hergestellten Burger. Oder du gibst noch Honig, Zimt, Nüsse und kleingeschnittenes Trockenobst zum Brötchenteig. Dann bekommst du leckere Frühstücksbrötchen.

Wie Vorlieben und Abneigungen entstehen

ANNAS GEBURTSTAG

»Wir haben Huuuunger!«, rufen vier atemlose Kinder im Chor und stürmen die Küche, in der Frau Reul gerade das Milchfläschchen für das Baby vorbereitet.

»Mama, können wir jetzt endlich mit der Pizza anfangen?«, will Anna, das Geburtstagskind, wissen.

»Ja, gleich, ich will nur noch Carolinchen die Flasche geben.«

»Oh, bitte, bitte Frau Reul, darf ich das machen?«, bettelt Leyla, Annas beste Freundin. »Warum nicht«, sagt Frau Reul, schickt Leyla ins Wohnzimmer und bringt ihr Caroline und das Fläschchen.

»Vielleicht mag das Baby lieber Pizza als diese komische Milch«, schlägt Marcello, Annas Geburtstagsgast, vor.

»Mensch, die ist doch viel zu klein, die hat doch noch gar keine Zähne«, schimpft Anna.

»Meimee Oma hot ouch keine Zöhne ump üsst Pizza«, äfft Marcello seine Oma nach.

»Die hat ja auch ein Gebiss, meine jedenfalls«, kontert Chrizzo, Marcellos bester Freund.

»Ok, ok, ich meinte ja nur. Immer nur Milch ist doch total langweilig«, beschwichtigt Marcello. »Wenn ich groß bin, erfinde ich Flaschenpizza, damit Babys von Anfang an auf den richtigen Geschmack kommen. Meine Mama hat mich sogar gleich mit richtiger Pizza

gefüttert«. Und mit ersterbender Stimme haucht er: »Pizza, Pizza, Pihiezza, sonst sterrrrbe ich!« Dann sinkt Marcello wie tot zu Boden, um gleich wieder mit einem plötzlichen »Presto, Presto, wir maken eckte Pizza originale« quietschlebendig aufzuspringen. Die anderen Kinder schütteln sich vor Lachen.

»Du bist echt verrückt, Marcello«, meint Anna. Komm, lass uns endlich anfangen.«

»Anna und ich backen türkische Pizza!«, ruft Leyla, die vom Wohnzimmer aus alles verfolgt hat.

»Türkische Pizza, was ist das denn, iiiih, türkische Pizza und das soll schmecken?«, fragt Marcello motzig.

Unser Geschmackssinn

Unsere Zunge ist unser Geschmacksorgan. Du kannst mit ihr süß, sauer, salzig, bitter und umami schmecken. Die Nase hilft dir beim Schmecken. Du hast bestimmt die Erfahrung gemacht, dass du bei einer Erkältung den Apfel nicht von einer Zwiebel unterscheiden kannst. Die Lust auf Süßes ist dir angeboren, deshalb mögen Babys Milch. Dass du Lebensmittel mit den anderen Geschmacksrichtungen magst, lernst du in den ersten Lebensjahren.

»Abwarten und probieren«, tönt es aus dem Wohnzimmer.

Während die Kinder die Arbeiten unter sich aufteilen, bringt Frau Reul die vorbereiteten Bleche mit den Pizzateigen. In der Küche herrscht reges Treiben. Die Kühlschranktür geht auf und zu, es wird geschnippelt, gerührt, gelacht und gearbeitet und die italienische Pizza wird fantasievoll mit Salami, Schinken, Pilzen, Mozzarella und Basilikum belegt. Leyla ist inzwischen mit dem Füttern fertig und hilft Anna.

»Schnieef, schnief, kannst du mir, schnnupf, kannst du mal das Hackfleisch in die Schüssel tun?«, bittet Anna Leyla um Hilfe.

»He, Anna, was ist mit dir los?«, fragt Chrizzo ganz besorgt.

»Die Zwiehie..., schnief, ...hiebeln«, erwidert Anna mit knallroten tränenden Augen.«

»Die Zwühübeln, die Zwühübeln«, schmettert Marcello wie ein italienischer Tenor dazwischen.

»Oh, die Zwiebeln, kein Problem, warte mal«, meint Chrizzo und verschwindet mit einem verschmitzten Lächeln aus der Küche. Er wechselt ein paar Worte mit Frau Reul und wenige Minuten später kehrt er grinsend mit einer Taucherbrille auf der Nase zurück. Sein Anblick bringt alle zum Lachen. Mit bierernster Miene und tiefer Stimme wendet sich Chrizzo an das Geburtstagskind: »Anna, ich bin dein persönlicher Zwiebelschneidexperte.« Und schon hat er vergnügt die lästige Aufgabe übernommen. Dankbar kümmert sich Anna mit Leyla um die weitere Zubereitung des Belages.

Kennst du umami?
Unsere fünfte Geschmacksrichtung »umami« wurde von einem Japaner entdeckt. Umami bedeutet übersetzt »fleischig, wohlschmeckend«. Der Umami- oder Fleischgeschmack sorgt dafür, dass dir Fleisch, Milch und Käse schmecken.

»›Hackfleisch in eine Schüssel geben‹«, liest Anna vor.

»Ok, das haben wir«, bestätigt Leyla.

»›Pepperoni, Knoblauch und Zwiebeln fein würfeln

und zum Hackfleisch geben. Pfefferminzblätter und Petersilie klein hacken. Tomaten würfeln und zum Hackfleisch geben‹«, liest Anna weiter.

»Alles schon drin – bis auf die Zwiebeln«, bestätigt Leyla und wirft Chrizzo einen kurzen Blick zu.

»Meine Damen, bin schon fertig«, freut der sich, schüttet sein Werk in den Hackfleischteig und zieht die Taucherbrille von der Nase. Anna und Leyla geben noch Tomatenmark dazu und schmecken mit Salz, Pfeffer und Paprika den Fleischteig ab, dann schieben sie die Bleche in den Ofen. Jetzt müssen die Pizzen backen, also gehen alle zusammen in den Garten.

Du isst, was du kennst

Wir können sehr viele Sachen essen: Fleisch, Fisch, Schalentiere, Frösche, Schnecken, Schlangen, Muscheln und sogar Insekten wie Heuschrecken und Käfer. Wir können Wurzeln, Pilze, Kräuter, Früchte, Gemüse und Salat verdauen. Du isst bestimmt nur eine kleine Auswahl davon. Welche Lebensmittel du isst, bestimmen deine Familie, deine Freunde und der Kulturkreis, in dem du lebst. Das, was in deiner Familie gegessen wird, bist du gewöhnt und es gibt dir Sicherheit. Einige afrikanische Völker essen gerne Würmer, wir ekeln uns davor.

Wie eine Rakete rast der Ball direkt auf den Apfelbaum zu, bahnt sich seinen Weg durch das Gewirr der Zweige, rauscht durch Familie Reuls leuchtend rote Johannisbeeren und landet schließlich auf dem hellgrünen Kopfsalat im liebevoll gepflegten Gemüsebeet. Nur noch ein zartgrünes Blättchen lugt unter dem rot gefleckten Ball hervor. Betreten schauen sich die vier an.

»Oje, oje«, jammert Leyla, »das gibt bestimmt Ärger mit deiner Mama.« Vorsichtig befreit sie den Salat von seiner Last.

»Ach, Quatsch, die merkt das doch gar nicht«, sagt Marcello, zieht die zerknautschten Blattreste aus dem Beet und wirft sie grinsend auf den Komposthaufen.

»Dann gibt's heute wohl keinen Salat«, meint Chrizzo trocken.

»Du sagst es.« Marcello grinst und streift den Dreck von den Fingern an seiner Hose ab. »Den mag sowieso keiner.«

»Doch, ich«, sagt Leyla. »Und außerdem essen wir gleich türkische Pizza mit Salat und Joghurt.«

»Die kannst du alleine essen, mag ich nicht, schmeckt mir nicht und mit Salat brauchst du mir schon gar nicht kommen«, erwidert Marcello pampig.

»Wie, du willst nicht mal probieren?«, fragt Chrizzo erstaunt.

»Ne, da kriege ich grüne Pickel, wenn ich nur dran denke. Ne, ne! Ich esse Piehizza, echte italienische Pizza, sonst nichts. Das habe ich von Papa geerbt«, meint Marcello und drückt die Brust raus.

Geschmack wird trainiert

Erst nach 10- bis 15-mal probieren weißt du, ob dir etwas schmeckt oder nicht. Das Training beginnt schon im Bauch deiner Mutter. Du schmeckst, was sie isst, und gewöhnst dich daran. Sind wir erst mal auf der Welt, fangen wir alle mit einem einzigen Lebensmittel, der Muttermilch, an. Aber auch sie schmeckt nach dem, was die Mutter gegessen hat, und prägt die Geschmacksvorlieben eines Kindes. Nach vier Monaten bekommen die meisten Babys Möhrenbrei, dann Kartoffeln und Fleisch. Das Kind lernt nun immer mehr Gerichte und Geschmacksrichtungen kennen.

»Wie meinst du das, von deinem Papa geerbt?«, fragt Anna nach.

»Wenn meine Mama meckert wegen Salat und Gemüsezeugs und dass ich das nicht esse und so, dann sagt mein Papa, er sei ja schließlich auch ohne Gemüse und mit viel Pizza groß geworden.«

»Na ja, stimmt ja irgendwie«, bestätigt Chrizzo.

»Mmh, ich rieche schon die Pizza«, stellt Marcello plötzlich fest und schnuppert.

Gleichzeitig ruft Frau Reul: »Essen ist fertig!«, und die Türklingel ertönt. Schnell wie der Blitz stürmen die Kinder ins Haus und Anna öffnet die Haustür.

»Happy birthday to you, herzlichen Glückwunsch, Anna!«, singen und rufen Tante Lena und Onkel Uwe gleichzeitig und überreichen ihr ein rosa verpacktes Geschenk mit einer lila Schleife. Was da wohl drin ist, fragt sich Anna neugierig. Das wird sie erst nach dem Essen auspacken, beschließt sie, dann hat sie mehr Ruhe.

»Wo ist denn Carolinchen?«, will Tante Lena wissen. Aus dem Kinderzimmer hört man leises Weinen. »Oje, ich glaube, die haben wir gerade geweckt. Ich hole sie«, sagt Tante Lena schuldbewusst, lässt Tasche und Jacke fallen und eilt ins Kinderzimmer.

Gemeinsame Mahlzeiten gehören dazu

Zusammen mit Freunden und in der Familie zu essen, macht dir bestimmt auch Spaß. Essen ist etwas Schönes, deshalb gibt es bei dir zu Hause bei Festen oder wenn Besuch kommt sicher oft etwas Leckeres zu essen. Nimm dir Zeit, das Essen mit deiner Familie zu genießen. Du kannst dabei erzählen, was du erlebt hast, und hören, was es bei den Freunden, den Eltern oder Geschwistern für Neuigkeiten gibt. Meistens wird am Tisch viel gelacht. Wenn du bei der Planung und Vorbereitung der Mahlzeiten hilfst, macht das Ganze noch mehr Spaß.

»Was soll das denn?«, fragt Marcello mit einem entsetzten Blick in das Wohnzimmer.

Auf einem bunten persischen Teppich stehen zwei zusammengestellte Tische und türkische Musik durchdringt den Raum. Zehn Teelichter brennen und knallbunte Servietten liegen bereit.

»Überraschung, wir sind jetzt in Istanbul und essen echte türkische Pizza«, rufen die Mädchen freudestrahlend und bringen bauchtänzelnd ihre Pizza mit Salat und Joghurt herein. Stolz und erwartungsvoll grinsen sie die Jungen an. Verblüfft schauen die zurück.

» Ja, was ist, Marcello!«, ruft Frau Reul, »wollt ihr eure Pizza im Ofen verkokeln lassen?«

Mit einem lauten »Oh, Mamma mia!« springt Marcello auf und flitzt gefolgt von Chrizzo in die Küche, um die Pizza zu retten. Das ging gerade noch gut und nun servieren die zwei wie echte Kellner die knusprige italienische Pizza. Tante Lena mit Caroline auf dem Arm und Onkel Uwe haben sich auf dem Teppich niedergelassen und auch Herr Reul ist inzwischen hungrig aus seinem Arbeitszimmer aufgetaucht.

»Wer hat denn diese Pizza hier gemacht?«, fragt er neugierig.

»Wir«, rufen die beiden Mädchen wie aus einem Mund.

»Das ist türkische Pizza«, erklärt Leyla stolz, »die gibt es immer bei uns zu Hause und sie schmeckt total lecker.«

»... und die esse ich mit Joghurt und Salat?«, informiert sich Herr Reul.

»Ja, wenn Sie wollen. Wir machen das so und dann einfach in den Mund schieben, genau wie bei der italienischen Pizza«, ergänzt Leyla ein bisschen frech.

»Und schmeckt sie dir?«, will Leyla von Chrizzo wissen, der mit vollem Mund und dicken Backen heftig nickend die türkische Pizza probiert.

»He, Marcello, du kannst sie essen, ich lebe auch

noch. Schmeckt echt gut«, ermuntert Chrizzo seinen Freund.

»Ne, diese Salatblätter und der Joghurt auf diesem komischen Hackzeugs, das ist nichts für einen waschechten Italiener. Na ja, zumindest für einen halben Italiener«, korrigiert er sich schnell.

Wann wir etwas essen und warum wir manches nicht essen

Ein Säugling isst nur, wenn er Hunger hat. Wenn wir älter werden, essen wir aus verschiedenen Gründen oft ganz bestimmte Lebensmittel. An Weihnachten gibt es Weihnachtsgans und wir essen Pommes, weil sie »in« sind. Aus Langeweile und Frust essen wir oft Süßigkeiten oder fette Knabbersachen. Was wir nicht kennen, essen wir nicht. Wir meiden Lebensmittel, wenn sie eklig riechen, bitter oder salzig sind. Oder weil sie sich im Mund komisch anfühlen, weil wir Blähungen bekommen oder weil wir einmal zu viel davon gegessen haben. Dass wir bestimmte Lebensmittel nicht mögen oder besonders gern essen, ist also völlig normal.

»Dann habe ich einen Vorschlag. Kann nicht deine andere Hälfte auch mal ein türkisches Gericht probieren, was meinst du?«, fragt Tante Lena grinsend und hat

Mühe, Carolinchen festzuhalten, die unbedingt auch etwas haben möchte.

»Schau mal, sogar das Baby ist scharf drauf«, ruft Onkel Uwe begeistert und reicht ihr seinen Zeigefinger, den sie schnell umklammert. Und bevor Onkel Uwe es verhindern kann, lutscht Caroline genüsslich die Pizzareste ab.

»Ha, seht ihr, die will auch lieber Pizza als Milch«, sagt Marcello, »aber sie kennt den Unterschied noch nicht.« Schnell hält er ihr seinen Finger mit Resten der italienischen Pizza hin.

»Du auch nicht, du Feigling«, erwidert Leyla schnippisch. Wütend springt Marcello auf. So etwas lässt sich ein waschechter Italiener nun wirklich nicht zweimal sagen.

»Pah, Feigling, ich bin der mutigste Italiener auf der ganzen Welt!«, sagt Marcello großspurig, schnappt sich mit Todesverachtung das größte Stück von der türkischen Pizza, belegt es mit Salat, nimmt eine Löffelspitze Joghurt, klappt das Ganze zusammen und beißt … eine klitzekleine Ecke ab. Alle lachen und acht Augenpaare blicken Marcello fragend an. Der kaut und kaut mit starrer Miene, schiebt den Minibissen von der rechten Backe zur linken und wieder zurück, als sei er ein Profitestesser, trinkt noch einen Schluck Wasser und murmelt dann, seinen Kopf hin- und herwiegend: »Nicht schlecht, kann man essen.«

Stürmischer Beifall belohnt ihn für seinen Mut.

»Sag mal, Anna, was hast du eigentlich geschenkt bekommen?«, wechselt Onkel Uwe das Thema.

»Ein Fahrrad von Mama und Papa, das hat acht Gänge und ist rotmetallic und jetzt darf ich damit schon alleine in die Schule fahren«, sprudelt es aus Anna heraus.

»Prima, darf ich dich dann zu einer Fahrradtour mit Picknick im Stadtpark am Weiher einladen? Passt es nächsten Samstag?«, fragt er kurz entschlossen mit Blick in die Runde. Tante Lena, Mama und Papa nicken zustimmend.

»Oh, danke, Uwe!«, freut sich Anna und fällt ihrem Onkel um den Hals und die beiden kippen nach hinten.

»Und deine Freunde nehmen wir auch mit, wenn sie mögen«, bietet Onkel Uwe großzügig an, als er sich wieder aufrappelt.

»Vielen Dank«, kommt es einstimmig zurück.

»Und was hast du noch bekommen?«, will Tante Lena wissen.

»Von Leyla habe ich ein Freundschaftsbuch und von Chrizzo und Marcello ein kleines Mäppchen, da kommen meine Filzstifte rein, und von euch ...« Wie von einer Tarantel gestochen springt Anna auf und holt das Geschenk, das sie fast vergessen hätte. »Und von euch habe ich ein ...«, sie reißt ungeduldig das liebevoll verpackte Geschenk auf, »... von euch habe ich ... was ist das? Ein Regencape in Neongrün!«, ruft sie entzückt. » ... und wow, einen Kapuzenpulli, ist der toll und auch noch meine Lieblingsfarbe«, freut sie sich und probiert begeistert, ob alles passt. »Schau mal, der Kapuzenpulli, Leyla, wie findest du ihn?«

Leyla nickt zustimmend.

»Und das Cape ist ja speziell für mein Fahrrad!«, ruft Anna beeindruckt.

»Licht aus!«, unterbricht ein Ruf aus der Küche die Unterhaltung. Anna knipst aufgeregt das Licht aus. Ein Zischen und Knistern nähert sich dem Wohnzimmer, es wird heller und herein kommt Mama mit einer wunderschönen Geburtstagstorte, auf der zehn Kerzen leuchten und eine Wunderkerze ihre silbernen Funken versprüht.

»Danke – das ist mein bisher schönster Geburtstag«, seufzt Anna, kuschelt sich in ihren Kapuzenpulli und greift nach dem letzten Stück der türkischen Pizza.

WIE ESSEN UND TRINKEN NOCH MEHR SPASS MACHT

Bestimmt gelten auch bei dir in der Familie bestimmte Tischregeln. Du sollst nicht schmatzen, nicht mit vollem Mund reden, du sollst ordentlich mit Messer und Gabel essen. Immer Krümel unterm Tisch und Flecken auf dem Tischtuch sind nicht schön, deshalb sind solche Regeln wichtig, doch vermutlich hast du nicht immer Lust, dich daran zu halten. Mit besonderen »Spaßtagen«, zu denen du dich mit deinen Eltern verabredest, kannst du etwas Abwechslung in euren Essensalltag bringen.

Hier ein paar Ideen:

- Essen mit den Füßen oder Fingern
  Das Besteck bleibt in der Schublade und die ganze Familie isst alle Mahlzeiten nur mit den Fingern. Wenn euch das zu einfach vorkommt, probiert es mal mit den Füßen, das ist eine echte Herausforderung!

- Essen mit Stäbchen
  Macht es wie die Asiaten: Alle Familienmitglieder bekommen ein Paar Stäbchen in die Hand und los geht es – ihr dürft gespannt sein, wie Papa dann sein Frühstücksbrötchen in den Mund bekommt.

- Essen mit verbundenen Augen
  Verbindet euch gegenseitig die Augen und setzt euch an den gedeckten Tisch. Selbst wenn ihr vorher genau aufgepasst habt, was auf eurem Teller liegt (und an welcher Stelle), werdet ihr merken, wie schwer es ist, blind zu essen.

- Knödel-, Spaghetti-, Schokoladen- oder Wilde-Ritter-Tage einführen
  Einen ganzen Tag esst ihr nur Spaghetti, Knödel oder Schokolade – morgens, mittags und abends. Beim Wilde-Ritter-Tag dürft ihr wie die alten Ritter essen – nur mit einem Messer und mit den Fingern und eine richtig schöne Schweinerei am Tisch veranstalten. Hinterher macht ihr dann alle gemeinsam sauber.

- Ein Mondscheinpicknick oder ein Picknick im Kinderzimmer unter der Bettdecke veranstalten
  Packt eure Lieblingsspeisen ein und dann macht ihr ein Picknick an einem ungewöhnlichen Ort oder zu einer ungewöhnlichen Zeit, z. B. im Garten bei Mondschein, im Auto bei Gewitter oder sogar unter einer Decke im Kinderzimmer, wenn es draußen stürmt und schneit. Ihr werdet sehen, auf einmal schmeckt alles noch mal so gut!

- Chips mit Messer und Gabel essen
  Versucht doch mal, Lebensmittel, die ihr sonst immer

ohne Besteck esst, mit Messer und Gabel zu essen, z. B. Chips, eine Birne, Kekse oder eine Tafel Schokolade. Ihr werdet überrascht sein, das ist viel schwieriger, als ihr euch vorstellt.

Das sind nur einige Vorschläge, deiner Fantasie sind keine Grenzen gesetzt. Schlage deinen Eltern deine Ideen vor und wenn sie ihre Hände über dem Kopf zusammenschlagen, dann hältst du ihnen dieses Buch unter die Nase.

OBST UND GEMÜSE ESSEN LERNEN

Nicht jeder Tag kann ein »Spaßtag« sein und an den normalen Tagen sollst du sicher öfter Sachen essen, die du vielleicht nicht so gern magst. Dazu gehört meistens das Gemüse und manchmal auch das Obst. Es kann verschiedene Gründe geben, warum das so ist – vielleicht hast du einfach noch nicht das richtige Obst oder Gemüse probiert. Oder es liegt an der Art der Zubereitung.

Hier ein paar Tipps:

- Darf es etwas süßer sein?
  Es gibt Gemüsesorten, die süß schmecken wie z. B. Mais, Cocktailtomaten, Erbsen, Kürbis, Pastinaken,

Karotten, Kohlrabi und rote oder gelbe Paprika. Einige davon schmecken dir bestimmt auch.

- Die Zubereitung macht's:
  Manchmal liegt es an der Zubereitung, dass ein Gemüse nicht schmeckt. Man kann Gemüse roh, gekocht, überbacken, gebraten oder gedünstet essen. Aber auch als Knabbergemüse mit Quarkdip, als Gemüselasagne, als Auflauf mit Käse überbacken, in Blätterteig gehüllt oder als Gemüseravioli verpackt. Und in Soßen und Suppen verschwindet das Gemüse gleich ganz, wenn man es püriert. Bitte deine Eltern doch, mit dir zusammen Gemüse auf verschiedene Arten zuzubereiten.

- Die Verarbeitung hat einen großen Einfluss auf den Geschmack:
  Apfelsaft schmeckt anders als ein Apfel. Ein Apfel abgebissen schmeckt anders als ein Apfel, der in Stücke geschnitten ist. Kleine Stückchen schmecken anders als große und ein gekochter Apfel schmeckt anders als ein gebratener oder roher Apfel oder getrocknete Apfelringe.

- Linke oder rechte Hand:
  Ob wir etwas aus der linken oder rechten Hand essen, macht tatsächlich geschmacklich einen Unterschied. Probier es mal aus!

- Besteck, Stäbchen, Finger:
  Speisen schmecken unterschiedlich, je nachdem, ob wir sie mit der Hand oder mit Besteck zu uns nehmen. Wir essen auch unterschiedlich schnell. Am schnellsten isst man mit den Fingern. Mit Stäbchen essen wir sehr langsam und kleinere Portionen.

Die Lebensmittelpyramide – wie man sich optimal ernährt

FELIX UND PROFESSOR HUNGARIUS ENTDECKEN DAS GEHEIMNIS DER PYRAMIDE

»Klack, Klack, Klack.« Was ist das für ein Geräusch? Felix' Herz rast. Auf Zehenspitzen schleicht er mutig die Treppe hinunter. Ganz vorsichtig schiebt er die Küchentür auf. Nichts zu sehen!

»Krchchkrchk.« Vorsichtig nähert sich Felix dem Ursprung des Geräuschs und reißt dann entschlossen die Schranktür auf. Eine halbe Salzstange purzelt ihm entgegen und die offene Gummibärchentüte entleert sich auf den Küchentisch.

»Wwawawasbibist du?«, stottert Felix und knallt die Schranktür vor Schreck wieder zu. Mit elektronisch klingender, abgehackter Stimme tönt es dumpf durch die Tür, die sich von innen langsam wieder öffnet: »Professor Hungarius vom Planet Satturius. Mein Auftrag: Erforschen, was die Erdenbürger essen. Wo sind deine Schläuche?«

Felix glotzt ihn sprachlos an. Das Wesen im Schrank hat nur ein Auge und sein kleiner, runder Körper ist in eine rote Hose gezwängt. Ein blaues Hemd bedeckt den Oberkörper und an einer Seite, nein, sogar an beiden Seiten, entdeckt Felix zwei merkwürdige Öffnungen, die sich mahlend bewegen. Da sitzt also ein außerirdischer Zwerg mit einem Gummibärchen in der Hand mitten zwischen den Schokoladentafeln und Papas Lieblingskeksen.

Der richtige Sprit

Im Laufe unseres Lebens essen und trinken wir ungefähr 70 Tonnen Lebensmittel und Getränke. Da ist es wichtig, dass die Zusammensetzung stimmt. Mit unserem Körper ist es wie mit einem Auto. Bekommt es den falschen »Sprit«, fährt es nicht so schnell oder muss sogar in die Werkstatt. Die Ernährungspyramide hilft dir, grundsätzlich den richtigen »Sprit« zu tanken.

»Schläuche, wawawas für Schläuche?«, stottert er völlig entgeistert.

»Ess- und Trinkschläuche an Essstellen und Trinkstellen für linken und rechten Tank«, sagt das seltsame Wesen und zeigt auf die beiden seitlichen Öffnungen an seinem Körper. »Essen und Trinken machen große Dampfmaschinen. Der Nabelscanner erkennt die richtige Mischung.«

»Ha«, entfährt es Felix tonlos.

»Saugen, bis Zustand sittsatt erreicht«, fährt die elektronische Stimme fort.

»Hä, sittsatt?«, fragt Felix, der kein Wort versteht.

»Sittsatt ist voll bis oben mit Essen und Trinken. Nabelscanner, Füllzustandsanzeige, Navigationsgerät«, erklärt Professor Hungarius und zeigt auf die Anzeigegeräte auf seinem Bauch.

Du bist, was du isst

Nur wer gut isst und trinkt, lebt gesund. Tag und Nacht finden in deinem Körper Auf- und Abbauvorgänge statt, für die das richtige »Baumaterial« benötigt wird. Abfall entsteht, der entsorgt werden muss. Die »Zulieferung« des Baumaterials erfolgt mit der Nahrung, die im Mund, Magen und Darm zerkleinert und verdaut, mit dem Blut zu den Organen transportiert und in allen Zellen verarbeitet wird.

Felix' Blick fällt auf das Navigationsgerät mit der Uhr. »Ich muss in die Schule«, stellt er verzweifelt fest.

»Schule gut, komme mit«, entscheidet Professor Hungarius.

»Und wenn sie dich sehen?«, will Felix ängstlich wissen.

»Kein Problem«, tönt es dumpf und der Professor ist blitzschnell in Felix' Hosentasche verschwunden.

Die Verdauung beginnt im Mund

Die Verdauung des Essens fängt schon im Mund an. Deine Zähne zerkleinern die Nahrung und in deinem Speichel ist ein Stoff, der zum Beispiel die Getreidestärke im Brot zu Zucker abbaut. Teste das doch mal, indem du ein Stück Brot ganz oft kaust und lange im Mund behältst. Nach einiger Zeit schmeckt es süß.

Als Felix schließlich völlig außer Atem die Schule erreicht, hat der Unterricht schon begonnen. Die Flure sind menschenleer und Felix öffnet leise die Tür zu seinem Klassenraum.

»Guten Morgen, Felix. Schade, dass du gerade heute zu spät kommst«, begrüßt ihn Frau Munter, die Lehrerin. »Ist irgendwas?«

»Nnenenein, nininichts«, murmelt Felix mit hochrotem Kopf und setzt sich vorsichtig mit Professor Hungarius in der Tasche auf seinen Platz.

Neben Frau Munter steht eine Frau mit einer kleinen roten Brille auf der Nase und schwarzen Locken, die sich widerspenstig auf ihrem Kopf kringeln. Die Ernährungsberaterin, Felix hatte sie ganz vergessen. Die Frau soll der Klasse etwas über richtiges und gutes Essen erzählen. In der Hosentasche ist alles ruhig und Felix versucht sich auf die Erklärung der Lebensmittelpyramide zu konzentrieren.

»Wie bei einer Ampel. Die grünen Puzzleteile haben Vorfahrt. Das sind täglich 15 Puzzleteile mit pflanzlichen Lebensmitteln. Welche pflanzlichen Lebensmittel habt ihr gefrühstückt?«, will die Ernährungsberaterin wissen.

Die Pyramide: dein tägliches Ernährungs-Puzzle

Insgesamt besteht die Pyramide aus 22 Puzzleteilen. Die Pyramide verdeutlicht, welchen Anteil die einzelnen Lebensmittelgruppen an deiner täglichen Ernährung haben sollen, damit du gesund bleibst. Ob du von den Lebensmitteln einer Gruppe viel, mäßig oder wenig essen solltest, erkennst du an der »Ampelfarbe« und an der Anzahl der Bausteine einer Gruppe.

Da fällt es Felix ein, der Pausenbrotwettbewerb, er hat sein Frühstücksbrot vergessen.

»Genau, Brötchen, Müsli, Banane«, wiederholt die Ernährungsberaterin die Antworten der Schüler und fährt fort: »Dann habt ihr noch vier gelbe Puzzleteile und drei rote, davon ist ein Puzzleteil für eine Lieblingssüßigkeit reserviert.«

»Nur eine Süßigkeit und so viel Obst oder Gemüse. Das ist ja echt kein Spaß«, schießt es Felix durch den Kopf. »Na ja, vielleicht kann man die Pyramide ...«

Schlau essen und trinken mit dem Pyramiden-Puzzle

Die Anzahl der Teile im Pyramiden-Puzzle entspricht der Anzahl der Portionen, die du von den verschiedenen Lebensmitteln am Tag essen bzw. trinken kannst. Das sind 6 Portionen Getränke ohne Zucker, 5 Portionen Gemüse, Salat, Obst, 4 Portionen Brot und Getreideprodukte, 3 Portionen Milch und Milchprodukte und 1 Portion Fleisch, Wurst, Fisch oder Ei. Dazu 2 Portionen Butter oder Margarine und Öl und 1 Portion Extras (Süßes oder salzige Knabbersachen). Insgesamt hast du dann am Tag genau 22 Portionen in der richtigen Zusammensetzung.

Felix' Augen werden immer größer. Ihm schwirrt der Kopf von den ganzen Zahlen. Unwillkürlich fährt seine Hand in die Hosentasche, wo sich eigentlich Professor Hungarius befinden sollte. Doch die Tasche ist leer, denn der Professor steht mittlerweile auf dem Tisch und schaut sich neugierig um.

»Fünfmal Obst und Gemüse, ein bis zwei Hände voll?«, will er wissen und beim Klang seiner elektronischen Stimme drehen sich 18 Köpfe erstaunt in seine Richtung.

»Was, wer, wi…«, stottert die Ernährungsberaterin und ihre Kinnlade kippt nach unten. Frau Munter sinkt ohnmächtig auf ihren Stuhl und die Kinder sind starr vor Schreck.

Unbeeindruckt von alldem stellt sich Professor Hungarius vor.

»Gestatten, Professor Hungarius vom Planet Satturius«, schnarrt er.

Schritt für Schritt nähern sich ihm die Schüler ängstlich und neugierig zugleich, ohne ihn aus den Augen zu lassen. Felix würde am liebsten unsichtbar sein und Frau Munter hängt käseweiß auf ihrem Stuhl.

»Ich erforsche die Essgewohnheiten der Menschen«, erklärt der Professor und mustert die Ernährungsberaterin.

Die richtige Portionsgröße – miss mit der Hand

Deine Hand ist die beste Messhilfe. Eine Portion ist eine Hand, in Ausnahmen zwei Hände. Eine Fleischportion ist so groß wie ein Handteller, eine Portion Brot so groß wie deine Handfläche mit ausgestreckten Fingern. Ein Glas passt in eine Hand. Bei Kartoffeln, kleinteiligen Obstsorten wie z. B. Beeren oder bei Müsli, Nudeln und Reis kannst du beide Hände nehmen. Bei Süßigkeiten und Knabbereien iss nicht mehr als eine Hand am Tag oder trink nur ein Glas Saft.

»Herzlich willkommen, Herr Professor Hungarius«, fasst die sich ein Herz und begrüßt ihn, als sei es das Normalste auf der Welt.

»Verstehe ich richtig, rot, grün, gelb, alles auf einmal?«, fragt der außerirdische Besucher nach.

»Herr Professor, wir essen drei bis fünf Mahlzeiten am Tag und auf dem Teller sollte es bunt aussehen.«

»Ein Teller voller Gummibärchen, das ist ja super!«, platzt es aus Sara heraus.

»Bunt heißt, dass du möglichst abwechslungsreich isst und zu jeder Hauptmahlzeit Obst, Gemüse oder Salat und ein Getreideprodukt sowie ein Lebensmittel aus der gelben Gruppe auf deinen Teller legst«, erklärt die Ernährungsberaterin geduldig.

Fünfmal am Tag Obst und Gemüse

Obst und Gemüse enthalten viele Dinge, die uns vor schlimmen Krankheiten schützen. Deshalb ist es wichtig, dass du möglichst bunt isst. Am besten futterst du über den Tag verteilt so viele Obst- und Gemüse-Portionen, wie du Finger an einer Hand hast. Manche Farben kann man übrigens schmecken. Grüne Paprika schmecken anders als rote. Bestimmt hast du schon mal den Gummibärchentest gemacht und versucht, mit geschlossenen Augen die Farben zu erraten.

»Drei Puzzleteile, aus jeder Gruppe eins«, murmelt Professor Hungarius und tippt alles in ein kleines blaues Gerät, das wie ein großes Handy aussieht.

»Genau«, bestätigt die Ernährungsberaterin und ruft dann in die Klasse: »Pausenbrotwettbewerb, holt mal bitte alle euer Pausenbrot aus dem Ranzen!« Sie nutzt die kurze Unterbrechung, um Frau Munter mit einem Glas Wasser wieder auf die Beine zu helfen. Professor Hungarius entschuldigt sich indessen höflich und zieht sich auf Felix' Schulter zurück. Neugierig lassen die übrigen Schüler die beiden nicht aus den Augen.

Vom richtigen Mix auf dem Teller

Die 22 Puzzleteile lassen sich mit einem kleinen Trick ganz einfach auf die Mahlzeiten verteilen. Am besten versuchst du 4 bis 5 Mahlzeiten am Tag zu essen. Bei 3 Mahlzeiten, nämlich beim Frühstück, Mittagessen und Abendessen legst du dir Lebensmittel aus 3 Lebensmittelgruppen auf den Teller und bei 2 kleineren Pausenmahlzeiten suchst du dir Lebensmittel aus 2 Lebensmittelgruppen aus. Stell dir vor, du teilst deinen Teller in 4 Teile. Zwei davon sollten mit Gemüse, einer mit Kartoffeln oder Reis oder Nudeln und der vierte Teil mit einem tierischen Lebensmittel, z. B. Ei, Käse oder Fleisch, belegt sein. Wenn du zu jeder Mahlzeit etwas trinkst, hast du zusätzlich 5 deiner Getränke-Puzzleteile eingebaut.

»Bennis Wurstbrot, das beste aller Zeiten«, gibt Benni an und hält sein Leberwurstbrötchen stolz in die Höhe.

»Und ist alles dabei?«, will die Ernährungsberaterin wissen.

»Gelbe Gruppe, grüne Gruppe, äh, da fehlt was«, stellt er fest und holt sich von der Rohkostplatte mit spitzen Fingern eine Möhre.

»Und hier ist das Allerbeste vom Bäcker!«, ruft Luigi dazwischen und hält eine rote Bäckertüte hoch.

Hier ein Beispiel wie du fast alle Puzzleteile auf 5 Mahlzeiten verteilen kannst.

»Na, dann zeig uns mal, was in deiner Zaubertüte ist«, fordert Frau Munter ihn auf.

Mit geheimnisvoller Miene zieht Luigi ein Brötchen hervor. Plötzlich starrt er fassungslos auf das Gebäck. Kleine Krater lassen ahnen, wo einmal Rosinen klebten.

»He, wer hat meine Rosinen geklaut?«, ruft er stinksauer.

»Mein Quarkbrötchen ist weg!«, stellt Ina gleichzeitig fest.

»Meine Banane, wo ist meine Banane?«, ruft Marie aufgeregt in die Runde.

»Der Professor«, denkt Felix.

»Bananenschlange!«, schallt es laut und wie aus dem Nichts taucht in diesem Moment Professor Hungarius auf und überreicht Felix, der bisher mit leeren Händen dagesessen hat, stolz sein Superpausenbrot. Fast wie eine lebendige Schlange liegt die Banane auf dem Quarkbrötchen und schaut Felix mit ihren großen braunen Rosinenaugen freundlich an.

Marie, Luigi und Ina gönnen Felix den Sieg und mit viel Gelächter verschwinden die leckeren Pausenbrote in den hungrigen Bäuchen. Frau Munter, die sich inzwischen erholt hat, bringt aus der Schulküche einen Milchshake, den Professor Hungarius genüsslich unter den neugierigen Blicken der Kinder in seinen rechten Tank füllt.

»Danke. Füllzustand sittsatt erreicht«, schnarrt er nach einer Weile. Dann verbeugt er sich vor Frau Munter und der Ernährungsberaterin, zwinkert den Kindern zu und schaltet sein Navigationsgerät ein.

»Kurs auf Satturius, Reisegeschwindigkeit: Lichtgeschwindigkeit.«

Ein leises Zischen ertönt und auf einmal schießt Professor Hungarius in einer weißen Wolke aus dem offenen Fenster des Klassenraums.

»Auf Wiedersehen«, sagt Felix leise. Dann nimmt er seine Buntstifte und malt eine wunderschöne grün-gelb-rote Pyramide in sein Heft.

DEIN WOCHENSPEISEPLAN FÜR DIE GANZE FAMILIE

Die Vorgaben in der Lebensmittelpyramide helfen dir, einen vielfältigen Wochenspeiseplan mit deinen Eltern aufzustellen. Dreimal in der Woche kannst du dir eine Mahlzeit mit Fleisch ausdenken, ein- oder zweimal erfindest du ein Fischgericht. Fischstäbchen darfst du auch essen. Einmal in der Woche macht ihr Suppentag, einmal gibt es etwas mit Ei und einmal kannst du dir eine Süßspeise wie z. B. Milchreis oder Kaiserschmarren überlegen. Mit Kartoffeln, Reis und Nudeln kommt die Sättigung und denk dran: Gemüse oder Obst gehören zu jeder Mahlzeit.

Hier nun ein Vorschlag für einen Wochenspeiseplan:

- 1. Tag: Putengyros im Fladenbrot mit Tzaziki und Krautsalat
  Nachspeise: Kiwi

- 2. Tag: Pfannkuchen mit Ahornsirup und Banane
  Nachspeise: Zimt-Joghurt

- 3. Tag: Broccolinudelauflauf mit Grünkernkäsekruste
  Nachspeise: Himbeersorbet aus tiefgefrorenen Himbeeren

- 4. Tag: Hackfleischbällchen mit Béchamelkartoffeln und Cocktailtomaten
  Nachspeise: Vanillepudding mit Erdbeeren

- 5. Tag: Fischstäbchen mit Kartoffelbrei und Rahmspinat
  Nachspeise: Mandarinen-Smoothie

- 6. Tag: Gemüsesuppe mit Maultaschen
  Nachspeise: Apfelstrudel mit Vanillesoße

- 7. Tag: gegrillte Hähnchenbruststreifen, dazu Basmatireis und Salat mit frischen Kräutern
  Nachspeise: Orangenquark

DIE NÄHRSTOFFE – ALLE DINGE, DIE DEIN KÖRPER BRAUCHT

Lebensmittel sind »Mittel zum Leben«. Und dein Körper gewinnt seine Energie bei der Verdauung der Lebensmittel. Dabei holt er sich die Stoffe aus der Nahrung, die er braucht – das sind die Nährstoffe. Du wirst fit und stark, wenn du deine Lebensmittel täglich so zusammenstellst, dass du alle Nährstoffe in der richtigen Menge bekommst. Lebensmittel wie Weißbrot, zuckerhaltige Kekse und Bonbons oder Getränke mit Zucker sind lecker, haben aber sehr wenig Nährstoffe. Sie machen dich zwar auch satt, doch dann bekommst du sehr schnell Heißhunger – wiederum auf Süßes! Das verhindert dann, dass du Lust hast, Lebensmittel mit wertvollen Nährstoffen zu essen.

Diese verschiedenen Nährstoffe braucht dein Körper:

- **Eiweiß**
  Eiweiß ist ein wichtiger Baustoff für den Körper. Alte Zellen gehen kaputt und müssen ersetzt werden. Für diese und andere Aufgaben benötigst du täglich Eiweiß. Die Kombination von tierischen und pflanzlichen Eiweißlieferanten wie Kartoffel und Ei, Müsli mit Milch oder Vollkornbrot mit Käse ist besonders gut. Zu viel Eiweiß aus Fleisch belastet deinen Körper.

- **Fett**
  Dein Körper braucht Fett in kleinen Mengen. Das Fett unter der Haut wärmt dich und es schützt deine inneren Organe wie ein Polster. Das Fett der Meeresfische und von Nüssen und Pflanzenölen macht dich schlau und fit. Fette aus Wurst oder Süßigkeiten wie Schokolade sind weniger wertvoll.

- **Kohlenhydrate**
  Kohlenhydrate sind für Gehirn, Muskeln und Körperzellen wie das Brennholz im Kamin. Ohne sie läuft gar nichts. Kohlenhydrate sind lange Zuckerketten, die den

Zucker, also deinen Brennstoff, langsam und gleichmäßig ins Blut abgeben. Diesen »Dauerbrennstoff« holst du dir mit Müsli, Kartoffeln, Reis, Vollkornbrot, Nudeln und Gemüse.

- **Ballaststoffe**

  Ohne Ballaststoffe könntest du gar nicht auf die Toilette gehen. Im Magen quellen sie auf und sättigen dich. Im Darm wirken sie wie Zahnbürsten, sammeln die Schadstoffe ein und befördern sie schnell nach draußen. Gemüse, Obst, Vollkorngetreideprodukte und Hülsenfrüchte wie Erbsen, Linsen und Bohnen haben besonders viele Ballaststoffe.

- **Vitamine**

  Ohne Vitamine geht es nicht. Fehlen sie, werden wir sehr krank. Sie werden durch Buchstaben unterschieden. Vom Vitamin C hast du bestimmt schon gehört. Dein Körper braucht Vitamine nur in kleinen Mengen. Wenn du viele verschiedene Lebensmittel und viel Obst und Gemüse isst, bist du gut versorgt. Künstlich zugesetzte Vitamine in Bonbons und anderen Lebensmitteln haben keinen Vorteil und können leicht zu viel werden, denn niemand regelt, wie viele Vitamine den Lebensmitteln zugesetzt werden dürfen.

- **Mineralstoffe**

  Zu den Mineralstoffen gehören chemische Elemente wie

Eisen oder Natrium, das du z. B. in Form von Salz zu dir nimmst. Sie sind ebenfalls lebenswichtig, doch hier spielt die Menge eine entscheidende Rolle. Viele dieser Mineralstoffe, wie Jod oder Kupfer, brauchst du nur in winzigen Mengen, sonst werden sie sehr schnell giftig und schaden dir. Wenn du dich abwechslungsreich ernährst, kann das aber nicht passieren.

Von Süßigkeiten und Kinderlebensmitteln

JAKOBS TRAUM VOM SCHLARAFFENLAND

Fruchtgummischmetterlinge flattern durch die Luft. Aus dem herzförmigen Fenster eines Lebkuchenhauses schaut lächelnd Mama heraus. Lila, rote, grüne, gelbe, blaue Bonbons hängen wie Trauben an den Bäumen. Süße braune Schokolade tropft langsam aus weißen Zuckerblüten in Jakobs offenen Mund. Es schneit Puderzucker und goldgelbe Pfannkuchen schwimmen auf einem See aus Aprikosenmarmelade. Eine Kugel Erdbeereis rollt einen Berg aus Zuckerwatte hinunter, sie wird immer größer. »Mmmh, lecker«, murmelt Jakob und dreht sich zufrieden auf die andere Seite.

Süßigkeiten & Co. bewusst genießen

Diese leckeren Lebensmittel sind viel zu schade, um sie einfach so zu essen oder ganz nebenbei beim Fernsehen oder Spielen zu futtern. Süßigkeiten und Knabbersachen sind Lebensmittel, die du genießen solltest. Nimm dir Zeit und plane sie richtig ein, z. B. nach den Hausaufgaben oder als Nachtisch, mit Freunden, mit der Familie oder zu bestimmten Anlässen. Sie dürfen jeden Tag auf deinem Speiseplan stehen, wenn die Zusammensetzung deines »Sprits« insgesamt gut ist.

Irgendwo in weiter Ferne klopft es. Jakob runzelt die Stirn.

»Zeit zum Aufstehen!«, ertönt Mamas Stimme. Sie klopft an die Kinderzimmertür.

»Erdbeereis«, seufzt Jakob gähnend und reibt sich die Augen.

Die Tür öffnet sich einen Spaltbreit und Mama schaut herein. Jakob ist plötzlich hellwach. Er sieht Mama an und schmettert: »Erdbeereis!«

»Erdbeereis, zum Frühstück?«, fragt Mama verwundert.

»Ja, Erdbeereis zum Frühstück«, fordert Jakob, als sei das völlig normal.

»Na klar, mein Lieber, mit oder ohne Schokoladensoße?«, fragt Mama spöttisch und geht in die Küche.

»Mit viiiiiiel Schokosoße!«, ruft ihr Jakob hinterher. Er ärgert sich.

Warum nimmt Mama ihn eigentlich nie ernst? Warum kann sie nicht einfach das Erdbeereis auf den Tisch stellen und die Schokoladensoße dazu? Warum soll Erdbeereis zum Frühstück denn schlecht sein? Erwachsene sind echt komisch. Erdbeereis besteht aus Erdbeeren und »Obst«, sagt Mama, »ist gesund.« Mama hat wirklich keine Ahnung. Immer diese Drohung mit den Löchern in den Zähnen und mit der Geschichte von Karius und Baktus und dem Zahnarzt. Die kann Mama ihm noch 100-mal erzählen, seine Zähne sind doch völlig ok. Und Bauchweh von Süßigkeiten, ne, aber von der komischen Linsensuppe, da kriegt man richtige Bauchschmerzen. Laut seufzend schlurft Jakob ins Badezimmer, wo sein Blick gleich auf den grünen Becher mit der Zahnbürste fällt. Lustlos hält er sie unters Wasser und stellt sie wieder zurück, wischt sich mit feuchten Fingern kurz über die Augen, fertig.

»Jakob, wo bleibst du?«

»Ich komme!« Jakob springt in seine Klamotten und rast die Treppe hinunter. Und da steht Mama, mit einem Erdbeereis in der Hand. Jakob reibt sich die Augen. Ist Mama jetzt verrückt geworden?

»Jakob, du isst jetzt sofort dein Erdbeereis, sonst bekommst du heute Mittag kein Gemüse. Und hier ist dein Pausenbrot«, sagt sie und steckt eine Tafel von Papas Joghurtschokolade in seine Hosentasche.

Mama muss völlig übergeschnappt sein.

»Viel Spaß in der Schule«, wünscht sie, bevor sie ihn mit einem dicken Kuss auf die Stirn verabschiedet. Genussvoll schleckt Jakob sein Erdbeereis. Vielleicht hat Mama nun endlich verstanden, was ein Kind braucht. Die Schule ist langweilig und Jakob fühlt sich müde und kann sich kaum konzentrieren. Auf dem Nachhauseweg verdrückt er hungrig den Rest der Schokolade.

Das Frühstück ist die wichtigste Mahlzeit!
Mit dem Frühstück schaffst du die Grundlage für den ganzen Tag. Nur mit einem guten Frühstück kannst du deine ganzen Fähigkeiten zeigen. Wie ein Fitmacherfrühstück aussieht, weißt du aus dem vorherigen Kapitel. Es muss keine große Portion sein, wenn du keinen Hunger hast. Schiebst du in der Pause noch ein gutes Pausenbrot nach, bist du fit und satt bis zum Mittagessen. Mit Milch und frischem Obst kannst du auch aus Cornflakes ein gutes Frühstück zaubern.

»Essen ist fertig!«, ruft Mama. Jakob traut seinen Augen nicht. Auf dem Tisch steht ein riesiger Becher voller Erdbeereis mit Schokoladensoße, verziert mit bunten Zuckerstreuseln und daneben ein Teller Blumenkohlauflauf. Begeistert stürzt sich Jakob auf das Erdbeereis. Er schielt unsicher zu Mama, aber Mama reagiert nicht. Nur, so richtig will das Eis nicht schmecken und was ist das? Jakobs Löffel bewegt sich wie von Geisterhand in Richtung Blumenkohlauflauf.

»Nein, iss erst dein Erdbeereis!«, sagt Mama mit strenger Miene. Was ist nur mit Mama los? Widerwillig zwingt sich Jakob noch einen Löffel Eis rein und greift erneut nach dem Auflauf. Aber Mama ist schneller.

»Nein, du isst erst dein Erdbeereis auf, sonst bekommst du kein Gemüse.«

»Mama, Mama ich mag kein Erdbeereis mehr!«, ruft Jakob völlig verzweifelt. »Das war doch nur ein Traum!«

»Aha«, sagt Mama, »du meinst, du hast von Erdbeereis geträumt?«

»Hmmm«, nickt Jakob und erzählt von seinem Ausflug ins Schlaraffenland.

»Ach, und deshalb wolltest du unbedingt Erdbeereis haben?«

»Ja, aber es ist doch nur ein Traum. Jetzt mag ich es gar nicht mehr.«

»Dann mal mir jetzt mal ein Bild von allen Süßigkeiten aus deinem Traum, damit ich weiß, was ich sonst noch so auf den Tisch bringen soll.«

»Au ja, wenn ich dann nicht mehr weiteressen muss!«, ruft Jakob und rennt in sein Zimmer.

Am Abend hält er das Bild Papa unter die Nase. »Lecker, ein Schlaraffenland und da, das bist du Jakob, das Kind hier mit dem Erdbeereis, stimmt's?«, rät Papa.

»Soll ich dir Pfannkuchen mit Marmelade bringen?«, fragt Mama lächelnd dazwischen und Papa schaut verständnislos von einem zum andern.

»Vielleicht morgen«, erwidert Jakob und grinst. »Mama, ich hab's doch kapiert. Ich würde jetzt wirklich gern Blumenkohlauflauf mit Würstchen essen.«

Zufrieden geht Jakobs Mutter in die Küche. Das Abendessen verläuft ganz in ihrem Sinne und ein friedliches Wochenende steht vor der Tür.

Süßigkeiten – wie viel und wie oft?

Die Menge, die in deine Hand passt, ist genau richtig. Bei Riegeln kannst du einfach die Länge deines Mittelfingers als »Messlatte« nehmen. Mit einer Handvoll Chips, einem Glas Saft oder Limonade und einem Becher Kakao sowie einem kleinen Löffel Marmelade ist die Menge dieser Lebensmittel für einen Tag voll ausgeschöpft.

Am Samstagmorgen nach dem gemeinsamen Frühstück verschwindet Jakob auf einmal in seinem Kinderzimmer. Als er zurückkommt, hat er etwas Längliches, Buntes in der Hand.

»Mama, Papa, schaut mal!« Jakob hält einen Karton hoch. Er ist mit lauter Bonbons und Eiswaffeln bemalt.

»Was ist das denn, Jakob?«, fragt seine Mutter erstaunt, »das sieht ja toll aus.«

»Das ist meine Naschkiste«, antwortet Jakob stolz. »Die muss jetzt gefüllt werden mit sieben Naschportionen, für jeden Tag in der Woche eine.«

»Heißt das«, fragt Mama verdutzt, »du wirst jetzt jeden Tag nur noch eine Süßigkeit essen?«

»Na klar«, antwortet Jakob, als sei das für ihn die selbstverständlichste Sache der Welt.

Mama kann es nicht fassen, sie denkt noch an die Sache mit dem Erdbeereis.

Vom Umgang mit der Naschkiste

Die Naschkiste ist ein kleiner Karton oder eine kleine Dose. Sie hilft dir, deine Süßigkeiten einzuteilen. Du entscheidest, was in deine Kiste kommt und wann du was essen möchtest. Wenn Naschen immer wieder ein Streitthema ist, überlege mit deinen Eltern, was ihr gemeinsam unternehmen könnt oder was du statt naschen noch alles machen könntest, z. B. lesen oder dich mit Freunden treffen. Auch Erwachsene essen oft zu viele Chips oder Süßigkeiten. Du darfst deine Eltern nett darauf hinweisen, wenn sie eure »Naschregeln« nicht einhalten. Die sollten nämlich für alle in der Familie gelten.

»Und was passiert jetzt?«, will Papa wissen.

»Jetzt gehst du mit mir in den Supermarkt und ich suche mir die Naschsachen aus, die ich nächste Woche essen will, und packe sie in meine Naschkiste. Und du, Papa, packst deine Naschkiste.«

»Was!«, ruft Jakobs Papa empört. »Ich bin doch schon erwachsen, da braucht man keine Naschkiste mehr.«

»Nein?« Jakob pikt seinem Vater in den Bauch. »Und was ist damit?«

Verlegen streichelt Papa seinen runden Bauch. »Weißt du, Jakob, in meinem Alter …«

»Hier, Hans«, grinst Mama, »nimm diesen leeren

Schuhkarton, ich finde die Idee von Jakob hervorragend. Und jetzt los mit euch, hier ist der Einkaufszettel. Aber bringt nicht wieder diesen scheußlichen himbeerosa Kinderjoghurt mit, der schmeckt doch nur nach Gummibärchen und Farbstoff.«

Wie ist das mit den Kinderlebensmitteln?
Kinderlebensmittel wie Frühstücksflocken, Kinderwurst, Salzstangen und Chips werden speziell für euch angeboten. Die Verpackung wird so gemacht, dass sie euch gefällt, bunt und mit Bildern. Hier wird viel gemogelt. In vielen Getränken und Kinderlebensmitteln ist mehr Zucker und auch Fett, als ihr denkt. Manchmal steht sogar »Ohne Kristallzucker« drauf, trotzdem ist Zucker drin. Auch der Milchanteil ist viel geringer als das abgebildete Glas Milch.

Im Supermarkt legen Papa und Jakob zuerst alle Sachen von Mamas Einkaufszettel in den Wagen. Dann fängt Jakob an, den Inhalt seiner Naschkiste zusammenzustellen. Auf einmal fällt es ihm doch ein bisschen schwer, unter den ganzen Süßigkeiten und Knabbersachen sieben Dinge auszuwählen, das Angebot ist einfach zu verlockend.

»Müsliriegel, Chips, Joghurtschokolade, Brausestäbchen, Kinderschokolade, Caprisonne, Lutscher, Butterkekse …«

»Jakob, es ist genug! Komm wir haben alles. Oma und Opa kommen gleich zum Kaffeetrinken«, meint Papa und schiebt zufrieden den Einkaufswagen Richtung Kasse.

»Hallo, Jakob, wir haben dir Kinderschokolade mitgebracht!«

Verlegen schaut Jakob auf den Boden. »Danke, Oma.«

»Was ist los, Jakob? Freust du dich nicht?«

»Doch, Oma, aber ich war gerade mit Papa einkaufen«, sagt Jakob und hält Oma die gefüllte Naschkiste unter die Nase.

»Verstehe, sollen wir die Schokolade wieder mitnehmen?«, fragt Oma.

»Och, nein, besser nicht«, meint Jakob und greift schnell nach der Schokolade.

»Hallo, schön, dass ihr da seid, kommt rein und setzt euch!« Mama bringt den Kaffee und alle sitzen in gemütlicher Runde. »Endlich ist der Kampf mit den Süßigkeiten beendet«, berichtet sie erleichtert. Die Kinder haben im Unterricht diese Naschkiste gebastelt und über den richtigen Umgang mit Süßigkeiten gesprochen.«

»Ja, Opa, wir haben gerade Projektwochen. Wir waren auf einem Bauernhof, haben Brot gebacken und sogar Gummibärchen hergestellt«, erzählt Jakob begeistert. »Und übrigens: Oma, ihr müsst mir nicht immer Schokolade mitbringen.«

»Nein? Aber die isst du doch so gerne?«, fragt Oma erstaunt zurück.

»Ja, schon, aber manchmal ist es vielleicht zu viel, wenigstens meint das Mama«, fügt Jakob schnell hinzu.

Was du statt Süßigkeiten essen kannst

Hast du schon mal getrocknete Früchte probiert oder versucht, mit Milchshake, Fruchtquark oder Obstsalat deine Lust auf Süßes zu stillen? Honig ist allerdings kein guter Ersatz. Er klebt noch besser als Zucker an den Zähnen. Du kennst bestimmt zuckerfreie oder zahnfreundliche Süßigkeiten. Sie haben trotzdem Kohlenhydrate und Fett, wirken oft blähend und können Durchfall machen. Bei deiner Oma oder deinen Eltern hast du vielleicht schon mal Süßstofftabletten gesehen. Sie sind zahnfreundlich und in kleinen Mengen nicht schädlich.

»Sehr vernünftig, du bist eben doch schon mein großer Enkel. Weißt du was, dafür zeige ich dir jetzt, wie man Lügenmäxchen spielt«, freut sich Opa und lässt sich von Mama zwei Würfel und einen Würfelbecher geben. Und so vergeht der Samstag mit viel Spaß und Gelächter für alle wie im Flug.

Die neue Schulwoche hat begonnen. Es klingelt. Als Jakobs Mutter die Tür öffnet, stehen Lara, Lissi und Benjamin aus Jakobs Klasse vor ihr. »Hallo, Frau Schiller!«, rufen sie im Chor.

Jakobs Mutter ist überrascht: »Das ist aber ein netter Überfall! Jakob ist allerdings noch nicht mit seinen Hausaufgaben fertig.«

»Genau deshalb sind wir hier«, sagt Lissi. »Wir haben heute in der Schule über Süßigkeiten und Kinderlebensmittel gesprochen.«

Was passiert bei zu viel Süßigkeiten und Kinderlebensmitteln?

Zu viele Süßigkeiten können zu Mangelerscheinungen führen. Du bist dann schnell müde, zappelig und blass oder hast keine Lust, irgendwas zu machen. Süße Lebensmittel machen deine Zähne kaputt. Es ist besser, nur einmal am Tag zu naschen als ständig ein bisschen. Süßigkeiten, süße Getränke, auch Obstsäfte, machen schnell noch mehr Hunger. Außerdem enthalten viele dieser Lebensmittel neben Zucker auch noch reichlich Fett und du bekommst leicht Übergewicht.

»Wir sollen Zucker- und Fettdetektiv spielen, hat Frau Lindner gesagt«, ergänzt Lara.

»Kommt rein!«, ruft Jakob aus dem Wohnzimmer. Er hat sein Hausaufgabenheft schon aufgeschlagen. Mama schaut ihm über die Schulter.

»Oh, da habt ihr viel zu tun«, meint sie, »dann legt

mal los. Ich ziehe mich ins Büro zurück. Wenn ihr mich braucht, meldet euch.«

»Danke«, sagt Benjamin höflich.

»Los, gehen wir auf Zuckersuche«, bestimmt Jakob und liest aus dem Hausaufgabenheft vor: »›Suche die Mengenangaben auf der Packung. Suche die Angabe Kohlenhydrate pro Portion. Teile diesen Wert durch die Zahl 3, weil ein Zuckerwürfel 3 Gramm wiegt und nur Zucker enthält. Das Ergebnis ist ungefähr die Menge der Würfelzucker in dieser Portion.‹«

Lissi nimmt den Kinderriegel aus Jakobs Naschkiste und liest: »›Pro Portion 30 Gramm‹. Was muss ich jetzt machen?«

»Welche Zahl steht bei Kohlenhydrate pro Portion?«, fragt Jakob.

»Da steht 9 Gramm«, antwortet Lissi. »Und dann steht da noch: ›Brennwert 120 Kilokalorien‹. Kalorien, das sind doch die, die meine Mutter immer zählt, wenn sie abnehmen will.«

»Ok, dann teilen wir 9 durch 3, das ist 3«, rechnet Benjamin.

»Also 3 Würfelzucker in diesem Kinderriegel, das ist ganz schön viel«, stellt Lara fest.

»Hey, Leute, in diesem Kinderjoghurt sind mehr als 6 Würfelzucker!«, ruft Benjamin.

»Schrecklich, ich esse doch so gerne Kinderjoghurt, was soll ich denn jetzt machen, der ist ja voller Zucker?«, jammert Lara.

Was sind eigentlich Kalorien?

Kalorien sind eine Maßeinheit für die Energie, die in der Nahrung steckt. Um sie zu ermitteln, verbrennt man Nahrungsmittel im Labor unter besonderen Bedingungen und misst die Wärmemenge, die dabei entsteht. Diese Wärmemenge wird in Kilokalorien und Kilojoule angegeben. Wenn wir von Kalorien reden, meinen wir also eigentlich Kilokalorien. Wie viele Kalorien jemand am Tag braucht, hängt von seinem Gewicht, der Körpergröße, dem Alter, der täglichen Bewegung und sogar vom Klima ab.

»Ich habe eine Idee, jetzt gibt's eine besondere Joghurtspeise, habt ihr Lust?«, fragt Jakob und leert kurz entschlossen einen Becher weißen Joghurt in eine Schale. »Wir machen Joghurtfondue, das ist viel leckerer, macht mehr Spaß und hat weniger Zucker und garantiert mehr Vitamine als Kinderjoghurt«, erklärt er den anderen.

»Wie geht das?«, fragt Lara neugierig.

»Lara, du zerdrückst diese Banane und rührst sie unter den Joghurt. Lissi und Jakob schneiden die Erdbeeren und Äpfel in kleine Stücke.«

Alle sind begeistert und machen sich ans Schnippeln und schon bald tauchen sie das Obst mit Gabeln in den Joghurt.

»Jakob, habt ihr bunte Zuckerstreusel und Kokosflocken?«, will Lissi wissen.

»Na klar, prima, dann wälzen wir das Obst noch in den Zuckerstreuseln«, sagt Jakob, springt auf und holt die Sachen aus dem Backschrank.

»Hmmm, dasch schmöckt ja rischtig löcker«, meint Lara mit vollem Mund.

»Kommt, jetzt spielen wir noch Fettdetektive«, sagt Jakob, als die Joghurtschüssel leer geleckt ist. Er legt ein paar Blätter Löschpapier auf den Tisch.

»Genau, wir brauchen Käse, Schokolade und Salami!«, ruft Lissi spontan.

»Hast du auch Chips, Gummibärchen und Nüsse?«, fragt Benjamin.

Die Kinder suchen die verschiedenen Lebensmittel zusammen und legen sie auf das Papier.

»Jetzt wird geföhnt«, entscheidet Jakob und holt Mamas Föhn aus dem Bad.

Er hält den heißen Luftstrahl zuerst auf die Wurstscheibe. Die hellrote Salami wellt sich gequält von der Hitze und verfärbt sich allmählich dunkelrot. Immer glasiger schimmert das Fett und versucht über das Löschblatt zu entkommen.

»Das ist ja der Hammer, die ist ja mehr Fett als Fleisch«, entrüstet sich Benjamin.

»Ich schmelze jetzt das Gummibärchen!«, ruft Lissi aufgedreht und reißt Jakob den Föhn aus der Hand. Sie föhnt und föhnt, aber das Bärchen zeigt sich unbeeindruckt und nach wenigen Minuten geben die Kinder auf.

»Kein Fett«, kommt es enttäuscht aus ihrem Mund. »Los, wir probieren den Käse aus«, schlägt Lara vor und schappt sich den Föhn von Lissi.

»Schaut mal, der Käse schwitzt!«, ruft Benjamin plötzlich.

»Und er wird ganz blass am Rand«, ergänzt Lara mitleidig.

»Wow, schaut mal, da bildet sich eine Pfütze auf dem Käse … oooh und jetzt wird er immer flacher«, staunt Jakob und Lara schaltet den Föhn aus.

Die Kinder betrachten das Löschblatt. Auch um den Käse hat sich ein Fettrand gebildet. Völlig aufgekratzt föhnen und schmelzen sie Nüsse, Chips und Schokolade und alles, was sie sonst noch in der Küche finden.

»Das sind die coolsten Hausaufgaben, die wir jemals machen mussten«, sagt Lissi und lässt sich auf einen Küchenstuhl plumpsen.

»Noch cooler wäre es, wenn ihr jetzt noch die Küche aufräumt!«, ruft da Jakobs Mutter aus dem Arbeitszimmer. Und zur Belohnung machen wir einen Ausflug zu dem neuen Klettergarten.«

»Au ja!«, rufen alle und im Nu sieht die Küche wie neu aus.

SCHAU MAL – SO VIEL ZUCKER!

Auch wenn man es kaum glauben kann – so viel Zucker steckt in diesen Lebensmitteln, hättest du das gedacht?

Lebensmittel	Gramm/Milliliter	Anzahl Würfelzucker
1 Glas Fruchtsaft, Cola, Limo	200 ml	6 bis 9
5 Gummibärchen	10 Gramm	3
1 Kinderjoghurt	125 Gramm	6
1 Kinderriegel	30 Gramm	3
2 Teelöffel Nuss-nougatcreme	20 Gramm	4
2 Esslöffel Ketchup	40 Gramm	3

REZEPT: SCHOKOSCHMARREN MIT FRÜCHTEN FÜR 4 KINDER

Wie die Naschkiste funktioniert, weißt du ja schon. Anstatt dich dort zu bedienen, kannst du dir aber auch ab und zu mal gemeinsam mit Freunden deine eigene Süßspeise herstellen. Das ist gar nicht so schwer und deine Eltern helfen dir bestimmt, wenn du sie fragst. Und das Gute: Im ganzen Rezept steckt weniger Zucker als in einem Glas Limo!

Du brauchst:

- 2 Schüsseln
- 1 Handrührgerät mit Schlagbesen
- 1 Pfanne

Für den Schokoschmarren:

- 200 Gramm Mehl
- 1 Teelöffel Backpulver
- 1 Esslöffel Kakaopulver
- 4 Eier
- 2 Esslöffel Zucker
- 200 ml Milch (Menge entspricht einem Glas Milch)
- 100 Gramm Naturjoghurt mit 1,5% Fett
- 1 bis 2 Esslöffel Öl zum Braten
- Puderzucker

Mehl, Zucker, Kakao, Backpulver, Milch und Naturjoghurt in eine Schüssel geben. Die Eier trennen (Lass dir von deinen Eltern helfen!) und das Eigelb ebenfalls in die Schüssel geben. Dann alle Zutaten mit dem Handrührgerät zu einem Teig verarbeiten.

Im Anschluss das Eiweiß mit dem Handrührer in einer zweiten Schüssel steif schlagen und unter den Teig heben. Achtung: Die beiden Schlagbesen müssen aber wieder ganz sauber sein, bevor du mit ihnen das Eiweiß schlägst!

Nun das Öl in der Pfanne erhitzen. Den Teig verteilt auf 2 bis 3 Portionen ausbacken. Dabei jede Portion 3 bis 5 Minuten goldbraun backen, wenden und den Teig schließlich mit zwei Gabeln zerreißen und fertig backen, bis alles rundum gebräunt ist. Auf einen Teller geben, etwas Puderzucker darüber streuen und dann je nach Vorliebe und Jahreszeit mit Apfelmus, Banane oder frischen Beeren genießen. Gleich essen, warm schmeckt es am besten!

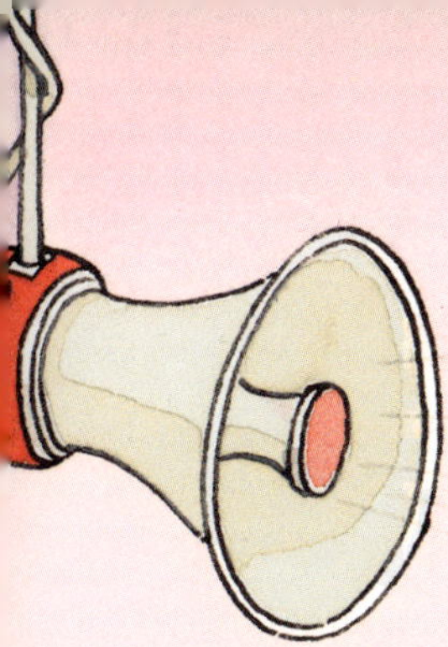

Schönsein – Schlanksein – Essensfrust

LISA IN DER ZEITMASCHINE

Der Geruch von Zuckerwatte und gebrannten Mandeln liegt in der Luft. Blaue Schwaden von Bratfettnebeln ziehen um die Pommesbude, knusprige Bratwürstchen liegen auf dem Grill herum.

»Mmmh, lecker«, murmelt Lisa vor sich hin und mampft einsam ihre zweite Schokowaffel, während sie gelangweilt an drehenden Karussells vorbeischlendert, in denen Kinder vor Vergnügen schreien.

Hunger oder Appetit?

Du kennst das bestimmt, dass dir beim Geruch von Keksen oder frischen Brötchen das Wasser im Mund zusammenläuft und du auf etwas Appetit bekommst, ohne Hunger zu haben. Wenn du Gewichtsprobleme hast, ist es besonders wichtig, auf das Hungergefühl zu achten, bevor du etwas isst. Wenn du zwischen den Mahlzeiten drei bis vier Stunden nichts isst und nur Wasser trinkst, kann dein Körper besser Fett abbauen und der Hunger ist im Bauch besser spürbar.

Da fällt Lisas Blick auf große rote Druckbuchstaben. »Zeitreisen«, steht auf einem raketenähnlichen blauen

Gebilde mit gelben Flügeln. Ein rotes Lämpchen an der Spitze blinkt startbereit.

»He, ihr da, habt ihr den Mut für eine Reise durch die Zeit?«, ruft ein verschrumpeltes grauhaariges Männlein und fuchtelt wild mit den Armen.

Lisa dreht sich um, unsicher, ob sie gemeint ist, und entdeckt Florian und die hübsche Tina, zwei Klassenkameraden, die sich gerade eine große Tüte Popcorn teilen. Fragend schauen die drei sich an.

»Na klar!«, entscheidet Florian. »Los, kommt«, fordert er die zögernden Mädchen auf. »In die Zukunft schauen, ha, ha, das wird ein Spaß. He, Moppel-Lisa, du willst doch immer wie Barbie aussehen. Steig ein, dann erfährst du, ob was daraus wird«, grinst Florian frech.

Vorbild Barbie

Wissenschaftler haben die Körpermaße von Barbie auf den Menschen umgerechnet. Wäre Barbie aus Fleisch und Blut, könnte sie nicht einmal aufrecht stehen. Sie wäre außerdem untergewichtig und nicht lebensfähig, weil in ihrem Bauch die wichtigsten Organe wie Leber, Nieren, Magen und Darm keinen Platz hätten.

Tina und Lisa schauen sich an. »Florian, wenn du willst, dass ich mich ärgere, kannst du lange warten«, erwidert Lisa selbstbewusst, zieht den Bauch ein und zwängt sich hinter Tina und Florian durch die Einstiegsluke.

Rote, grüne, gelbe Lämpchen blinken wie wild im Cockpit der Zeitmaschine. Mit großen Augen schauen sich die drei neugierig um und setzen sich schließlich auf drei schmale Sitze, von deren Armlehnen Sicherheitsgurte herabbaumeln. Vor ihnen hängen mehrere Bildschirme, über denen Zahlen von 0 bis 50 leuchten. »Klack.« Die Luke schließt sich und aus einem Lautsprecher tönt es blechern: »Zukunft oder Vergangenheit – Wählen Sie jetzt!«

Von schweren Knochen

Zu viel auf der Waage hat mit schweren Knochen nichts zu tun. Dein Knochengerüst macht nur ungefähr ein Zehntel deines Körpergewichts aus. Deshalb spielen die Unterschiede keine Rolle. Bei einem Mensch, der 70 Kilogramm wiegt, wären das also 7 Kilogramm. Und wenn dieser Mensch schwere Knochen hat, so macht das maximal 2 Kilogramm mehr auf der Waage aus.

»Mir ist soo kooomisch, lass uns lieber aussteigen«, jammert Tina ängstlich.

»Mann, mach dir nicht in die Hose«, meint Florian, als er sich hinsetzt und den Gurt festzieht. »Das ist doch alles nur ein Witz«, sagt er. Ohne die Mädchen zu fragen, ruft er laut: »Zukunft!«.

Leise fängt die Zeitmaschine an zu surren, dann bewegt sich auf einmal die ganze Rakete und dreht sich, immer schneller, immer schneller, bis es den dreien ziemlich schummerig vor Augen wird. Es erscheint ihnen wie eine Ewigkeit, doch irgendwann wird die Rakete wieder langsamer und schließlich kommt sie mit einem kleinen Ächzen zum Stillstand.

»Das war ja schlimmer als die Wilde Maus, mit der ich gestern gefahren bin«, sagt Florian und schüttelt sich. »Bloß raus hier!«

Plötzlich blinkt die Zahl 10 über drei Bildschirmen auf und es flackern Bilder über die Monitore.

»He, Lisa, guck mal, die auf dem Monitor vor dir sieht irgendwie aus wie du, aber doch ganz anders«, flüstert Tina aufgeregt.

»Dddd … das kann doch nicht sein, wir haben 2009, da trage ich aber ein T-Shirt, auf dem ›Uni Hamburg 2019‹ steht. Soll das etwa heißen, ich werde später mal studieren?«

»Und du bist so schlank«, sagt Tina und mustert die Bildschirm-Lisa mit gerunzelter Stirn.

»Wow«, kommentiert auch Florian anerkennend. »Model-Lisa statt Moppel-Lisa. Wie wär's mit uns beiden?«, grinst er sie vielsagend von der Seite an.

Schönheit – was ist das?

Was Schönheit ist, ist nicht klar festgelegt. Jeder Mensch hat einen eigenen Geschmack und stellt sich darunter etwas anderes vor. Der eine findet lange Haare schön, der andere blonde und kurze. Du magst einen Menschen bestimmt auch dann, wenn er keine Modelmaße hat und der Po vielleicht etwas runder, der Busen kleiner oder die Beine kürzer sind. Auch solche Menschen können in unseren Augen schön und attraktiv sein.

»Aha, jetzt auf einmal! Das kannst du dir abschminken«, sagt Lisa schnippisch und tritt ihm leicht gegen das Schienbein.

»Hört auf damit!«, ruft Tina mit schreckgeweiteten Augen. Die beiden schauen zu ihr herüber und sehen, was Tina sieht: Auf dem Bildschirm vor ihr sieht man eine zehn Jahre ältere, verquollene Tina mit strähnigen Haaren, die Waren in ein Supermarktregal stapelt.

»Das ist doch alles Unsinn«, ruft Florian, um Tina zu trösten. »Alberner Jahrmarkthokuspokus.«

Trotzdem schielt er mit einem Auge auf den Bild-

schirm vor ihm und sieht sich, nein, das kann nicht sein, als Flugkapitän in einem Jet.

»Mein Traumjob«, stellt er erstaunt fest.

»Also ich habe genug gesehen«, sagt Tina und betätigt einen Hebel mit der Aufschrift »Automatik – Gegenwart«. Surrend setzt sich die Maschine in Bewegung und die drei Monitore leuchten hell auf.

Lisa beobachtet in ihrem Monitor, wie sie sich vor einem Spiegel glücklich dreht und wendet und dann ein wunderschönes enges buntes Kleid aus dem Schrank holt.

Gute und schlechte Futterverwerter

Wissenschaftler haben festgestellt, dass schlechte Futterverwerter, die mehr Kalorien essen, als sie brauchen, diese verbrennen.
Gute Futterverwerter hingegen speichern überschüssige Kalorien als Fettreserven. Egal, ob du ein guter oder schlechter Futterverwerter bist, nur mit einer ausgewogenen, fett- und zuckerarmen Ernährung bekommst du alle Nährstoffe, die für starke Knochen, gesunde Zähne und deine Leistungsfähigkeit wichtig sind.

»He, schaut mal. Ich werde eine tolle Figur haben. Dann kann mich keiner mehr ärgern. Glaubt ihr, das wird wirklich passieren?«, zweifelt Lisa, während Tina vor ihrem Monitor sitzt und so tut, als sei sie völlig gelangweilt.

Gebannt verfolgen Florian und Lisa auf den Bildschirmen ihr Leben, das jetzt von der Zukunft zurück in die Gegenwart läuft.

Lisa sieht sich im Badezimmer auf der Waage. Sie traut sich kaum hinzuschauen.

Sind Dickies hässlich?

Vor ein paar Jahrhunderten galt Dicksein als schön. Deshalb stopften damals dünne Frauen ihren Busen und ihre Hüften aus. Kannst du dir das vorstellen? Die Zeiten haben sich geändert. Heute werden Dickies von anderen Kindern oft gemieden oder sogar als »fette Kuh« bezeichnet. Das macht sie erst recht traurig und einsam und manche trösten sich dann wiederum mit Futtern oder versuchen, mit Essen ihre Langeweile zu vertreiben.

»Oje, jetzt werde ich immer dicker«, murmelt sie nach einer Weile, während auf dem Bildschirm ihr Zimmer zu sehen ist, in dem sie sich steppend zu lauter Musik bewegt.

»Und ... hä, was ist das denn? Ernährungsberatung? Ich bin in der Ernährungsberatung!«, ruft Lisa begeis-

tert. »He, Leute, das ist super. So was gibt's wirklich! Tina, ich werde mit meiner Mutter zur Ernährungsberatung gehen. Hast du Lust mitzukommen?«

Bei der Ernährungsberatung

Wenn du genau wissen willst, ob deine Ernährung optimal zusammengesetzt ist, oder wenn du Fragen rund um das Thema Essen und Trinken hast, dann kannst du dir bei einer Ernährungsberaterin in deiner Stadt mit deinen Eltern einen Termin geben lassen. Natürlich gilt das auch, wenn du Gewichtsprobleme hast oder du bestimmte Lebensmittel nicht essen darfst oder kannst.

»Ganz bestimmt nicht, das ist doch alles nur Quatsch hier«, schimpft Tina, die ihren Monitor mittlerweile keines Blickes mehr würdigt und Popcorn kauend auf das Ende der »Reise« wartet.

Der Ess-Check

Mit einem einfachen Trick erfährst du, was du alles isst und trinkst. Nimm ein kleines Heft oder einen Zettel und schreib eine Woche lang alles auf, was in deinen Mund wandert, auch wenn es nur ein Bonbon ist oder ein Glas Apfelschorle. Du kannst auch einfach die Pyramide als Vorlage nehmen und einen Tag lang ankreuzen, aus welchen Lebensmittelgruppen du etwas zu dir nimmst.

»Und hier … Florian, Tina …«, ruft Lisa fasziniert, aber im gleichen Moment gehen die Bildschirme mit einem Flackern aus. Im Cockpit blinken wieder die bunten Lämpchen und die Luke, durch die sie eingestiegen sind, öffnet sich.

»Uff, das war doch viel aufregender, als ich dachte«, stellt Florian fest und auch Lisa ist noch ganz aufgewühlt, während Tina unbeirrt ihr Popcorn in sich hineinstopft.

Auf einmal hat Lisa es eilig. »Bis morgen in der Schule«, verabschiedet sie sich und rennt an den Buden vorbei nach Hause. Die Düfte und Gerüche der Jahrmarktsleckereien nimmt sie kaum mehr wahr. »Ich kann was tun, ich kann was tun«, spukt es in ihrem Kopf herum. Begeistert erzählt sie beim Abendessen der ganzen Familie von dem Erlebnis in der Zeitmaschine.

»Lisa, vergiss nicht zu essen!«, ermahnt ihre Mutter sie, die sich wundert, weil sie sonst immer ihre Tochter beim Essen bremsen muss.

Essen im Schneckentempo

Die Sättigung spürst du in deinem Bauch und überall in deinem Körper. Man spürt sie aber erst nach 15 Minuten. Deshalb ist es wichtig, dass du sehr langsam isst und gut kaust, dann merkst du ganz genau, wie sich dein Magen füllt. Turboesser schaufeln in wenigen Minuten große Mengen in sich hinein und essen häufig viel mehr, als sie brauchen.

»Mama, gehst du mit mir zur Ernährungsberatung?«, fragt Lisa plötzlich.

»Gern, wenn du willst, verabrede ich gleich morgen einen Termin.«

Bevor sie am Abend schlafen geht, wirft Lisa noch einen Blick in den Spiegel. »Bald wird alles anders«, flüstert sie. Dann legt sie sich ins Bett und träumt noch lange mit offenen Augen von ihrer neuen Zukunft.

ZU DICK ODER ZU DÜNN?

Für Kinder gibt es kein einheitliches Normalgewicht. Ob du zu dünn oder zu dick oder gerade richtig bist, ist schwer zu beantworten. Es gibt verschiedene Methoden zur Berechnung des Normalgewichts, die sind aber für Kinder nicht geeignet, weil sie noch wachsen. Du hast vielleicht schon mal vom Body-Mass-Index (BMI) gehört. Der ist aber nur für Erwachsene gemacht. Wenn du und deine Eltern unsicher sind, ob du ein normales Gewicht hast, geht ihr am besten gemeinsam zu deinem Kinderarzt.

Nur kein Wiegestress

- Du musst dich nicht jeden Tag wiegen. Wenn du auf dein Gewicht achten willst, reicht es, einmal in der Woche auf die Waage zu steigen. Am besten suchst du dir einen Tag aus, an dem du dich möglichst ohne Kleidung immer zur gleichen Uhrzeit wiegst. Viele Kinder sind mit zwölf Jahren vorübergehend ein bisschen pummelig und gehen dann in die Länge. Du musst nicht erschrecken, wenn die Waage plötzlich mehr zeigt. Vielleicht bist du auch einfach nur gewachsen.

Fit und schlank mit Bewegung

- Wenn du tatsächlich zu viel wiegst, ist es sehr wichtig, dass du nicht nur auf deine Ernährung achtest – dreimal in der Woche solltest du dich auch eine Stunde lang richtig bewegen. Nicht nur beim Sport, schon bei der Hausarbeit oder beim Rasenmähen verbrennt dein Körper viele Kalorien. Schau mal das Angebot der Vereine in deiner Stadt durch. Bestimmt findest du was Passendes. Gehe zu Fuß in die Schule oder fahre mit dem Fahrrad. Tanzen und sogar Hausarbeit zu cooler Musik machen richtig Spaß. Stell dir einen Wecker neben den Computer und die Spielkonsole. Mehr als zwei Stunden am Tag solltest du nicht davor verbringen.

Ernährungsformen – Vegetarier, Veganer und Co.

LEONIE UND JAN IM ZOO

»Mama, Papa, wann geht's endlich los? Die Löwen haben richtig Hunger!«, ruft Jan aufgeregt, während die Löwen unruhig im Käfig auf und ab laufen.

»Gleich«, beruhigt Mama.

»Ich seh nichts«, beschwert sich Leonie und Papa nimmt sie kommentarlos auf seine Schultern.

»Was fressen Löwen, Papa?«, will Jan wissen.

»Die fressen nur rohes Fleisch, das weißt du doch«, antwortet Papa.

»Und sie müssen kein Obst und Gemüse essen? Die haben's echt gut«, stellt Jan fest.

»Doch, das brauchen Löwen auch. Weißt du, Jan, wie sie das machen?«

»Nein.«

»Löwen jagen Tiere, die Pflanzen fressen und fressen dann nicht nur das rote Fleisch, sondern auch den Magen«, erklärt Papa.

»Wirklich? Dann kann der Löwe doch gleich selber die Pflanzen fressen und muss nicht erst ein Tier töten.«

»Da hast du recht, aber da hat er vermutlich keine Lust drauf. Er guckt sich das Gras an und denkt, lieber fress ich doch ein saftiges Zebrasteak.«

»Und wenn er keins findet, muss er verhungern«, stellt Leonie trocken fest.

»Genau, er verhungert und wird dann gefressen oder kaut ein paar Blätter und bekommt dann vielleicht Durchfall. Jan, Leonie, so genau weiß ich das auch nicht«, antwortet Papa jetzt ziemlich verzweifelt.

»Papa, Papa, es geht los. Ooooh, diese riesigen Zääääähne, kann mich der Löwe auch fressen?« fragt Leonie ängstlich.

»Na klar«, antwortet Papa und mit Löwengebrüll packt er sie, holt sie von der Schulter und beißt ihr ins Genick. »Ich fresse jetzt eine leckere kleine Leonie«, brummt er mit extra tiefer Stimme und knabbert an Leonies Ohr, die vor Vergnügen quietscht.

Von richtiger und falscher Ernährung

Der Mensch ist ein Allesfresser. Aber je nachdem, wo Menschen leben und welche erblichen Anlagen sie haben, brauchen sie unterschiedliche Lebensmittel. Die Inuit essen zum Beispiel sehr viel fetten Fisch, der in der Kälte wärmt. Im warmen Südindien wird hingegen überwiegend pflanzliche Kost verspeist. Eine für alle Menschen gleichermaßen richtige oder falsche Ernährung gibt es nicht, abgesehen von ein paar grundsätzlichen Regeln, die du schon kennst. Bei Tieren ist das genauso, sogar, wenn sie reine Pflanzen- oder Fleischfresser sind.

Ein Mann im grünen Overall und mit einem silbernen Eimer in der Hand geht durchs Raubtierhaus. Durch ein kleines vergittertes Fenster schaut er ins Löwengehege und schiebt dann langsam große Knochen mit tiefrotem Muskelfleisch durch eine Klappe. Mit Gebrüll stürzt sich ein Löwe auf die Leckerbissen. Seine Krallen graben sich tief in das Fleisch und mit seinen langen spitzen Zähnen, den Kopf energisch hin- und herschwenkend, reißt er ein großes Stück Fleisch ab.

Die Löwin brüllt und versucht auch ein Stück Fleisch zu ergattern. Der Eimer des Pflegers ist jetzt leer und er verriegelt sorgfältig die Futterklappe. Dann wendet er sich zum Gehen.

Wenn Menschen zu viel Fleisch essen

Fleisch ist eine hochwertige Eiweißquelle, aber es enthält auch ungünstige Fette, die uns krank machen können. Menschen, die sehr viel Fleisch und Wurst essen, sind oft übergewichtig und können das viele Eiweiß nicht verarbeiten. Die Abfallstoffe und die Fette sammeln sich dann im Blut, verstopfen die Gefäße oder lagern sich wie Eiskristalle an Fenstern in den Fingern und Fußgelenken ab. Das nennt man Gicht und es tut sehr weh.

»Warum gibst du denn den Löwen das Fleisch durch diese Klappe?«, fragt Leonie den Mann, als er zufällig an ihr vorbeikommt.

»Weil es doch ein bisschen zu gefährlich wäre, in das Gehege von hungrigen Löwen zu gehen, die gerade auf ihr Essen warten«, antwortet der Pfleger freundlich.

»Fütterst du jetzt noch mehr Tiere?«, will Leonie neugierig wissen.

»Na klar, die Schlangen haben auch noch Hunger.«

»Und was fressen die?«, fragt Jan.

»Mäuse, Ratten und Hamster. Wollt ihr einen Blick in die Futterstation werfen?«

»Oh ja, Mama, Papa, der Mann zeigt uns, wie er die Schlangen füttert! Dürfen wir mit?«, betteln die beiden. Die Eltern freuen sich über das Angebot des Tierpflegers.

Was ist eine Diät?

Du hast bestimmt schon mal von Menschen gehört, die keinen Zucker essen dürfen oder keine Milch und Milchprodukte essen können. Es gibt sogar welche, die dürfen kein Obst und Gemüse essen, weil sie dann Durchfall bekommen. Solche Menschen müssen ein Leben lang eine bestimmte Diät einhalten. Damit sie trotz ihres eingeschränkten Speiseplans nicht krank werden, nehmen sie Medikamente ein, z. B. Vitamintabletten.

Im Nebenraum des Tropenhauses stehen Käfige, in denen sich weiße Mäuse, Ratten und braun-weiße Hamster tummeln.

»Mühüssen die jetzt sterben, nur weil die Schlangen Hunger haben?«, schluchzt Leonie und dicke Tränen kullern an ihren Backen runter, als sie die Hamster im Käfig beobachtet. »Können die nicht was anderes essen?«, will sie wissen.

»Nein, Schlangen brauchen zwar nicht oft Fleisch, aber so ist es in der Tierwelt nun mal, das sind eben Raubtiere«, meint der Pfleger und zuckt mit den Schultern. »Ihr mögt doch bestimmt Grillhähnchen oder Schnitzel?«, fragt er die Geschwister.

»Na klar, Schnitzel mit Pommes ist mein Lieblingsessen«, sagt Jan und Leonie schaut die beiden mit großen Augen an.

»Die Tiere, die wir essen, müssen auch getötet werden«, belehrt der Pfleger sie.

»Dann esse ich nie wieder Fleisch«, verkündet Leonie laut, die Arme in die Hüften gestemmt. »Die armen Tiere. Mama, ich esse niiiiiiiiiiiiiiiiiiie wieder Fleisch!«

Was isst ein Vegetarier?

Vegetarier sind Menschen, die aus religiösen, gesundheitlichen Gründen oder weil sie nicht möchten, dass Tiere getötet werden, kein Fleisch und keinen Fisch essen. Sie essen ganz viel Obst und Gemüse und Salate. Sie nehmen aber Milch und Milchprodukte und auch Eier zu sich. Vegetarier essen ganz bewusst und sind meist sehr gesund. Bei Kindern, die sich rein vegetarisch ernähren, ist die Gefahr groß, krank zu werden. Diese Kinder sind dann oft müde, unkonzentriert und wachsen und entwickeln sich nicht optimal.

»Ist in Ordnung«, erwidert Mama gelassen. »Auch keine Würstchen?«, vergewissert sie sich.

»Nnnnein«, kommt es zögernd von Leonie.

»Ok, dann warten wir mal ab. Wollen wir noch zu den Affen gehen?«, drängt Mama, die sich zwischen dem lebenden Tierfutter auch nicht so wohlfühlt und ein bisschen frische Luft vertragen könnte.

Puddingvegetarier

So nennt man scherzhaft Vegetarier, die kein Fleisch essen, weil sie nicht wollen, dass Tiere getötet werden. Diese Vegetarier ernähren sich aber in keiner Weise abwechslungsreich und gesund. Sie essen Pudding, Kuchen, Zucker und viele ungesunde Fast-Food- und Fertigprodukte.

»Ja bitte, zu den Schimpansen und den Gorillas!«, ruft Jan begeistert und alle bedanken und verabschieden sich bei dem Pfleger, der sich schon wieder seiner Arbeit zugewandt hat.

»Mama, kann ich was trinken?«, bettelt Leonie.

»Ja, ich habe aber jetzt nichts dabei. Wir holen nachher was«, beruhigt Mama sie auf dem Weg zum Affenhaus.

»Papa, guck mal, der Gorilla sieht aus wie du!«, stellt Jan grinsend beim Anblick des haarigen Menschenaffen fest.

»Na klar, ich stamme ja auch von ihm ab«, meint Papa schmunzelnd und hüpft rum wie ein wild gewordener Gorilla.

»Papa«, fragt Leonie ängstlich, »willst du mich jetzt wieder fressen?«

»Nein, Gorillas essen, soweit ich weiß, nur Früchte, Samen und Blätter«, erklärt Papa und gibt ihr zur Beruhigung schnell einen Kuss auf die Backe, während Mama auf das große Gorillamännchen zeigt.

»Schau mal, der in der Ecke isst gerade einen Apfel.«

»Und trotzdem sind sie so stark?« Jan bestaunt den riesigen Gorilla mit dem silbernen Rückenfell.

»Na klar, genau deshalb«, meint seine Mutter. » Der Silberrücken ist der Anführer einer Gorillagruppe. Meistens ist er das einzige Männchen.«

»Das würde mir auch gefallen«, schmunzelt Papa und wirft dem Gorilla einen anerkennenden Blick zu.

»Mama, ich habe solchen Durst«, jammert Leonie, als sie das Affenhaus verlassen, und entdeckt im gleichen Augenblick die Kamele. »Guckt mal, die sind ja süß«, schwärmt sie entzückt.

Pflanzliche Rohkost – die Urnahrung des Menschen

Wir Menschen stammen von den Affen ab und unsere Urnahrung sind natürliche, rohe, überwiegend pflanzliche Lebensmittel. Rohes Fleisch ist für uns schlecht verdaulich. Erst in den letzten Jahrhunderten haben Menschen angefangen, immer mehr verarbeitete, erhitzte Lebensmittel zu essen. Es gibt aber Menschen, die sich nur von Früchten (Fructaner), pflanzlicher Rohkost (Rohköstler) oder von pflanzlichen Lebensmitteln (Veganer) ernähren. Diese extremen Ernährungsweisen sind nichts für Kinder, sie werden dadurch krank.

»Hast du die probiert?«, fragt Jan frech.

»Mann, du bist doof«, beschwert sich Leonie.

»Schau mal, bei dem Kamel ist der Höcker umgefallen, Papa, verdurstet das Kamel jetzt?«, fragt Jan besorgt.

»Nein, das Kamel braucht nur was zu essen«, weiß Mama.

»Wirklich? Ich denke, in den Höckern da ist Wasser drin?«, wundert sich sogar Papa.

»Nein, das ist Fett«, meint Mama.

»Und wo ist das Wasser?«, will Jan wissen.

»Das weiß ich gerade auch nicht so genau«, gibt Mama zu.

Trink dich fit

Wir Menschen können nur drei Tage ohne Wasser leben. Wir sind eben keine Kamele. Die können in ganz kurzer Zeit eine sehr große Menge Wasser trinken und lange im Körper speichern. Damit können Kamele viele Tage in der Wüste überleben. Wenn du einen Kreis malst, ihn wie einen Kuchen in vier Teile teilst und drei davon blau ausmalst, siehst du, wie viel Wasser sich in deinem Körper befindet. Jetzt verstehst du bestimmt, warum du mehr als einen Liter am Tag trinken musst. Du verlierst Wasser beim Gang auf die Toilette, beim Atmen und beim Schwitzen.

»Kann ich jetzt endlich was zu trinken haben?«, motzt Leonie.

»Und ich habe Hunger«, stellt Jan fest.

»Ich auch«, schließt sich Papa an.

»Na schön«, seufzt Mama. »Bevor ihr verhungert und verdurstet, gehen wir am besten hier im Zoo ins Schnellrestaurant.«

Ohne Essen geht es manchmal auch – Fasten

Menschen fasten oft aus religiösen oder gesundheitlichen Gründen. Bestimmt hast du schon gehört, dass Menschen Wochen und Monate ohne Nahrung ausgekommen sind. Das Fett, die Kohlenhydrate und das Eiweiß im Körper werden in dieser »Hungerzeit« dann langsam ab- und umgebaut und die Abfallprodukte müssen ausgeschieden werden. Deshalb ist es wichtig, dass man dabei sehr viel trinkt. Kinder sollten gar nicht fasten.

»Klasse, ich will Pommes mit Würstchen!«, schreit Leonie. »Und eine Sprite.«

»Ich denke, du isst kein Fleisch mehr?«, sagt Mama und zieht die Augenbrauen hoch.

»Jetzt ist gerade Ausnahme«, meint Leonie und schaut Mama bittend an.

Jan liest die Speisekarte.

»Ich möchte einen Burger und einen Erdbeershake und … krieg ich ’ne Cola?«

Fast Food

Fast Food bedeutet »schnelles Essen«. Schon vor über 3000 Jahren wurde an griechischen Handelsstraßen den Reisenden an Imbissständen »Fast Food« preisgünstig angeboten. Für die Anwohner der Städte gab es im Erdgeschoss von Häusern damals schon Schlemmerstuben und in großen Stadien Kioske, die die Zuschauer mit Fast Food versorgten. Heute heißen diese Lokale Schnellrestaurants, Döner-, Fritten- oder Imbissbude. Ein moderner XXL-Burger kann bis zu 1300 Kalorien haben. Das ist mehr als die Hälfte deines Tagesbedarfs, sättigt aber trotzdem nicht gut und hat wenig Nährstoffe. Deshalb sollte man nicht zu oft modernes Fast Food zu essen.

»Na schön, ausnahmsweise«, gibt Mama zögernd nach. Sie wirft ihrem Mann einen Blick zu. »Was meinst du, Gerd, sollen wir uns ein halbes Hähnchen teilen?«

»Teilen? Ich will ein ganzes Hähnchen für mich allein!«, kontert er. »Los, jeder nimmt sich ein Tablett und auf geht’s zur Fütterung der Raubtiere!«

REZEPT: BRATWURSTSPIESSE MIT OFENKARTOFFELN UND QUARKDIP FÜR 4 KINDER

Wenn es zu Hause mal ein bisschen so schmecken soll wie im Fast-Food-Restaurant (aber eigentlich viel leckerer), probier doch mal Folgendes aus:

Du brauchst:

- 1 Pfanne
- 1 Küchenmesser
- 1 Schneidebrett
- 8 Holzspieße
- Öl zum Braten

Für die Spieße:

- 4 bis 6 Bratwürstchen
- 1 gelbe Paprika
- 250 Gramm Cocktailtomaten
- 1 dünne Zucchini

Bratwürste in 3 Zentimeter breite Stücke schneiden. Paprika und Zucchini waschen und putzen. Zucchini in 2 Zentimeter breite Scheiben und Paprika in mundgerechte Stücke schneiden. Gemüse und Wurst auf die Spieße stecken und diese dann in wenig Öl 5 Minuten braten.

Dazu gibt es knusprige Ofenkartoffeln mit Quarkdip:

Du brauchst:
- 1 Gemüsebürste
- 1 Küchenmesser
- 1 Schneidebrett
- 2 kleine Schüsseln

Für die Ofenkartoffeln:
- 1 Kilogramm festkochende Kartoffeln
- 4 Esslöffel Olivenöl
- 2 Teelöffel italienische Trockenkräuter
- 2 Teelöffel Parmesankäse
- Salz
- Paprikapulver

Die Kartoffeln waschen, sauber bürsten und halbieren. In den beiden kleinen Schüsseln jeweils die eine Hälfte des Olivenöls mit den Trockenkräutern, dem Paprikapulver und dem Salz, die andere Hälfte des Öls mit dem Parmesankäse vermischen. Die eine Hälfte der Kartoffeln mit der Parmesan-, die andere Hälfte mit der Kräutermasse bestreichen, auf dem Backblech verteilen und bei 200 Grad ungefähr 45 Minuten im Ofen backen.

Für den Quarkdip 200 Gramm Quark und 100 Gramm Joghurt (1,5 % Fett) in einer Schüssel vermischen und mit Knoblauchsalz und Pfeffer abschmecken.

Macht garantiert alle hungrigen Raubtiere satt!

Ess-Spaß am Familientisch

EIN WORT FÜR DIE ERWACHSENEN

Sie haben viel gelesen und wissen eine ganze Menge, auch wie eine optimale Ernährung aussehen sollte. Trotzdem sind Sie manchmal unsicher und fragen sich: Bekommt mein Kind denn alles, was es braucht? Biete ich ihm denn alles an, was nötig ist? Die Informationen aus den Medien sind widersprüchlich und Sie wissen, so schwer kann es nicht sein. Aber Sie wissen auch, dass Kinder ganz besondere Bedürfnisse haben, was die Ernährung anbelangt. Sie möchten für Ihr Kind das Beste. Leider sind Ihre Auffassungen darüber oft sehr verschieden und die Situation rund ums Essen deshalb manchmal schwierig. Ich wünsche mir, dass Sie in diesem Buch gemeinsam mit Ihren Kindern Anregungen finden, wie Sie Ihren Ernährungsstil stressfrei und genussvoller gestalten können.

VORBILD ELTERN

Kinder lernen durch Nachahmung, Erfahrung und selten durch Ratschläge. Würden Sie eine Heuschrecke verspeisen, nur weil jemand sagt, dass die gesund ist? Sie als Eltern sind die ersten und wichtigsten Vorbilder. Ihr

Lebensstil, Ihr Essverhalten, Ihr Erziehungsstil sind prägend. Wenn Sie Probleme mit dem Essverhalten Ihres Kindes haben, ist es sinnvoll, den eigenen Umgang mit dem Essen zu betrachten. Empfehlen Sie Ihrem Kind, ein Gemüse zu essen, das Sie selber nicht besonders mögen? Erwarten Sie von Ihrem Kind, dass es nur wenig Schokolade und Süßes isst, Sie aber verputzen klammheimlich eine Tafel Schokolade oder plündern nachts den Kühlschrank? Diese unklare Botschaft ist für Kinder irritierend. Besser ist es, gemeinsame Regeln, z. B. für den Umgang mit Süßigkeiten, aufzustellen.

KLARER GESCHMACK VERSUS EINTOPF

Kinder lieben einen klaren, wiedererkennbaren Geschmack. Kinder wünschen sich bestimmte Gerichte immer wieder. Viele Kinder lieben z. B. Spaghetti mit Tomatensoße. Kinder dürfen die Erfahrung machen, dass ein Gericht, das oft gegessen wird, irgendwann langweilig schmeckt. Bleiben Sie gelassen. Bieten Sie täglich das Lieblingsgericht an, bis das Interesse nachlässt und eine andere Speise interessant wird. Ihr Kind isst nicht nur diese eine Mahlzeit am Tag. Wenn die Zusammensetzung über den Tag verteilt im Rahmen des Pyramidenpuzzles stimmt, bekommt Ihr Kind alle nötigen Nährstoffe. Auch wenn es sich eine Woche von Spaghetti und Tomatensoße mit Käse ernährt, was nach der bunten Tellerregel sogar eine ideale Kombination ist. Für Kinder ist es wichtig, dass erkennbar ist, was auf dem Teller liegt. Es ist deshalb hilfreich, klar voneinander abgeteilte Komponenten anzubieten, z. B. Spinat, Spiegelei und Kartoffelpüree. Häufig ist nur eine Abneigung gegen ein Nahrungsmittel vorhanden. Bei einem Gemisch verschiedener Lebensmittel, wie bei einem Eintopf, differenzieren Kinder nicht, sie lehnen eine Speise komplett ab, indem sie den Teller von sich schieben. Fragen Sie nach. Was genau schmeckt nicht, riecht nicht gut, sieht komisch aus, hat eine eklige Konsistenz …?

Da der Geschmack erst nach und nach trainiert wird, ist es wichtig, dass Kinder unbekannte Speisen nicht nur einmal, sondern mehrfach probieren können. Wir Erwachsene müssen aber auch ein Nein unserer Kinder respektieren. Die Gründe für das Nein können rein geschmacklicher Natur sein, können die Konsistenz betreffen (schwammige Pilze), sie können aber auch auf Allergien und Intoleranzen (Milchunverträglichkeit, Fruktoseunverträglichkeit), die mit Blähungen, Bauchschmerzen und Übelkeit einhergehen können, hinweisen.

MITBESTIMMUNG IST WICHTIG

Erstellen Sie gemeinsam den Speiseplan der Woche. Das entlastet meistens die Eltern, es erleichtert die Vorratshaltung, die Einkaufsplanung, den Geldbeutel und die Akzeptanz für die Mahlzeiten wird höher. Nehmen Sie Ihre Kinder mit zum Einkaufen. Dabei lernt Ihr Kind spielerisch zu planen, zu rechnen, mit Mengenangaben und mit Geld umzugehen.

Bei der Zubereitung können Kinder schon sehr früh mithelfen. Hierbei wird vor allem die Feinmotorik geschult und ganz nebenbei – wenn das Kind den Finger in den Mund steckt oder beim Abschmecken – der Geschmack trainiert. Kinder können schon mit wenigen Monaten Kräuter rupfen, im Kindergartenalter können sie mit Messern und Scheren risikoarm Schnittlauch und Fladenbrot schneiden, sie können rühren und Chemie und Physik praxisnah in der Küche erleben. Viele der frühen, oft unbewussten Kindheitserfahrungen im Haushalt können später in den entsprechenden Unterricht eingebracht werden.

Natürlich ist es am Anfang mühsam, wenn die Kinder sich am Kochen beteiligen, und alles dauert auch ein bisschen länger. Es gibt auch hinterher meist mehr zu putzen. Machen Sie einfach ein Happening mit fetziger Musik draus und schrecken Sie nicht davor zurück. Es lohnt sich. Sie können sicher sein, dass Ihr Kind Sie schon sehr bald mit allerlei kreativen Kochkünsten beglückt. Das entlastet Sie und Sie werden stolz auf seine Selbstständigkeit sein.

GEMEINSAME MAHLZEITEN HALTEN DIE FAMILIE ZUSAMMEN

Gemeinsame Mahlzeiten machen Spaß. In vielen Kulturen und in den Familien feiern wir Feste mit einem geschmückten Tisch und traditionellen Gerichten. Mit Mahlzeiten können wir den Tag strukturieren und das leidige »Nebenbeiessen« oder »Dauersnacken« verhindern. Zeigen Sie Ihren Kindern, dass Essen Zeit braucht, dass es ein Genuss sein kann und keine verlorene Zeit ist. Bei gemeinsamen Mahlzeiten lernen Kinder Tischsitten, zuhören, sich auszutauschen, zu lachen, zu genießen, zu entspannen. Strittige Themen gehören nicht an den Esstisch. Verkneifen Sie sich Sätze wie »Wenn du dein Gemüse nicht isst, bekommst du keinen Nachtisch«. Dies führt dazu, dass das Gemüse immer unbeliebter wird. Ein Nachtisch gehört zu einer Mahlzeit. Geben Sie Ihrem Kind eine kleine Portion Nachtisch. Streit und Erziehungsdruck verdirbt allen den Appetit. Klären Sie die Situation in einer ruhigen Minute vor oder nach einer Mahlzeit.

WIE KOMMT ES ZUM KAMPF UMS ESSEN?

Beim Stillvorgang werden neben der Sättigung noch andere Bedürfnisse des Kindes durch die Mutter erfüllt. Das Kind wird gehalten, geschützt, gestreichelt, umsorgt, die Mutter widmet sich ausschließlich dem Kind, sie ist für das Kind präsent. Wenn das Kind selbstständiger wird und alleine isst, ist es wichtig, darauf zu achten, dass die Bedürfnisse des Kindes im Alltag noch Erfüllung finden. Das ist manchmal schwer, wenn man nach einem langen Arbeitstag müde nach Hause kommt. Meist reicht es aber, sich ein halbe Stunde intensiv mit dem Kind zu beschäftigen. Auch gemeinsame Mahlzeiten können ihren Beitrag leisten. Es liegt auf der Hand, dass ein Kind, das sich nicht ausreichend umsorgt und unterstützt oder beachtet fühlt, versucht, über das Essen Aufmerksamkeit zu bekommen. Und schon ist der Machtkampf in vollem Gange. Hinzu kommt, dass sich nach dem Essen ein angenehmes Wärmegefühl entwickelt, das wir auch haben, wenn wir gehalten und geliebt werden. Liebe wird häufig unbewusst übers Essen vermittelt, daher die Redensart »Liebe geht durch den Magen«. Wir trösten zu oft mit Süßigkeiten anstatt mit Zuwendung, die in diesem Moment gebraucht wird. In solchen Situationen versuchen wir ein Bedürfnis mit dem falschen Mittel zu befriedigen. Essen aus Frust, Langeweile oder Angst kann nicht zu wahrer Sättigung führen. Kinder, die aus diesen Gründen essen, werden nicht satt, sie müssen immer mehr essen, um den Seelenhunger zu befriedigen. Letztendlich funktioniert das nicht und es bleibt die Suche, aus der sich manchmal auch die Sucht, die Esssucht, die Magersucht, die Essbrechsucht entwickeln kann. Die Entstehung einer Essstörung hat immer viele Ursachen, die allerdings meist im Familiengefüge zu suchen sind.

WENN DER KAMPF AM ESSTISCH NICHT ENDEN WILL

»Nein, Suppen isst es nicht, das brauchen Sie meinem Kind gar nicht anzubieten, bei Kartoffeln, da fängt es an zu würgen, mein Kind isst nur, wenn der Fernseher läuft, mein Kind hat nie Hunger, es isst nie, ich hole es zum Essen ab und bringe es dann wieder, mein Kind isst nur Trockenes, nur Weiches, mein Kind hat immer Hunger, mein Kind wird nie satt, mein Kind isst heimlich.«
Kommt Ihnen davon irgendetwas bekannt vor?
Essstörungen treten schon bei Säuglingen und Kleinkindern auf. Eine Störung liegt dann vor, wenn die Selbstregulation der Nahrungsaufnahme in irgendeiner Form gestört ist, das heißt, das Kind isst zu viel, isst zu wenig, isst sehr einseitig, verweigert das Essen usw. Und das über mehrere Wochen oder Monate. Vielen Eltern ist es peinlich, darüber zu sprechen und oft tritt das Problem dann erst im Kindergarten oder in der Grundschule offen zutage.

»MEIN KIND ISST BESTIMMTE NAHRUNGSMITTEL-ZUBEREITUNGEN NICHT«

»Bei Bröckchen muss mein Kind immer würgen …« Dabei handelt es sich vermutlich um ein Problem mit der Konsistenz, das heißt, Ihr Kind hat ein Problem mit dem Gefühl (Sensorik) im Mund oder mit der Motorik des Mundes und des Kauapparates. In diesem Fall sollten Sie überlegen, welche Erfahrungen das Kind gemacht hat und welche besonderen Ereignisse im Leben des Kindes stattgefunden haben. Das Spektrum reicht von der Frühgeburt bis hin zu traumatischen Erinnerungen, die mit z. B. einem bestimmten Lebensmittel assoziiert werden. Es kann hilfreich sein, keine Mischkonsistenzen wie Joghurt mit Stückchen anzubieten, sondern stattdessen lieber flüssige oder breiige oder feste Nahrung zu geben.

»MEIN KIND HAT EIN BESONDERES ESSVERHALTEN«

»Mein Kind isst nur mit der Gabel, nur wenn der Fernseher läuft, nur wenn ich ihm zwei Lieder vorgesungen habe, mein Kind streikt, wenn ich mit dem Teller komme …« Wenn das Problem in einer anderen Umgebung oder mit anderen Bezugspersonen nicht oder verändert auftritt, kann es sich um einen Machtkampf handeln. Hier sollten Sie beobachten, in welchem Zusammenhang oder in welcher Situation das Verhalten auftritt, um dann den Störfaktor gegebenenfalls ausschalten zu können. Grundsätzlich ist es hilfreich, mit dem Kind klare Vereinbarungen zu treffen und Grenzen zu setzen.

»Mein Kind isst nur ... « kann auch bedeuten, dass das Kind Angst vor Neuem hat. Verhält Ihr Kind sich auch bei anderen Gelegenheiten eher vorsichtig? Stärken Sie Ihr Kind. Ermutigen Sie es in den Situationen, die ihm besondere Schwierigkeiten bereiten. Fördern Sie seine Selbstständigkeit. Anreiz kann z. B. der Freund oder die Freundin sein, die sich anders verhalten.

WAS SIE TUN KÖNNEN

Ziel jeder Intervention sollte sein, die Freude und den Genuss beim Essen zu fördern. Esszwang und Esssprüche wie »Iss Deinen Teller leer, damit die Sonne scheint« führen im Allgemeinen nicht zum Erfolg, sondern oft noch tiefer in die Essstörung und den Machtkampf.

Um zur natürlichen Selbstregulation zurückzukehren, ist es gut, die Verantwortlichkeiten aufzuteilen. Sie als Eltern sind grundsätzlich für ein vielfältiges, ausgewogenes Angebot an Speisen und für den Gesundheitszustand Ihres Kindes verantwortlich. Für das Essen-in-den-Mund-Nehmen und für das Schlucken ist das Kind zuständig.

Ist keine Besserung in Sicht und die Gesundheit Ihres Kindes in Gefahr oder Sie als Eltern sind einfach unsicher und fühlen sich überfordert, dann holen Sie sich Rat bei spezialisierten Therapeuten aus dem Bereich Ernährung und Psychologie. Die gibt es in den meisten Städten. Der Kinderarzt oder die Krankenkassen halten Adressen und Ansprechpartner für Sie bereit.

Bad Vilbel, im März 2009
Sylvia Becker-Pröbstel

Register

In dieser Reihe ebenfalls erschienen:

Wie ist das mit ... der Trauer
Wie ist das mit ... den Religionen
Wie ist das mit ... der Familie
Wie ist das mit ... der Umwelt
Wie ist das mit ... dem Glück

Becker-Pröbstel, Sylvia / Reckers, Sandra:
Wie ist das mit ... dem Essen
ISBN 978 3 522 30170 1

Gesamtausstattung: Sandra Reckers
Einbandtypografie: Michael Kimmerle
Innentypografie: Bettina Wahl
Lektorat: Susanne Klein
Schrift: ITC Stone Sans und Serif, Chinacat
Satz: KCS GmbH, Buchholz/Hamburg
Reproduktion: Medienfabrik GmbH, Stuttgart
Druck und Bindung: Friedrich Pustet, Regensburg

5 4 3 2 1°   09 10 11 12

www.gabriel-verlag.de

Die Sachbuchreihe mit Unterhaltungs- und Lernwert

144 Seiten mit farbigen Illustrationen von Sandra Reckers

Einfühlsam und sachbezogen werden Kinder an **Lebensthemen** herangeführt. **Erzählte Sachinformationen** in Form von Geschichten werden kombiniert mit spielerischen Elementen wie **Infokästen, Vorschlägen und längeren Sacherklärungen. Erfahrene Fachautoren** garantieren kindgerechte Informationsvermittlung auf dem neuesten Stand der Forschung. In einem **Elternkapitel** erhalten Erwachsene wertvolle Hintergrundinformationen zum Thema.

gabriel

Roland Kachler
Wie ist das mit ... dem Glück
ISBN 978 3 522 30165 7

Manchmal ist das Glück wie ein Geburtstagsgeschenk – man muss es nur auspacken. Manchmal muss man sich dafür richtig anstrengen.
Der Psychologe Roland Kachler erzählt von Kindern, die alle ihr Glück finden – auf ganz unterschiedliche Weise.

Roland Kachler
Wie ist das mit ... der Trauer
ISBN 978 3 522 30116 9

Wenn jemand stirbt, den wir sehr lieb haben, sind wir traurig. Der Psychologe Roland Kachler erzählt in diesem Buch von unterschiedlichen Trauersituationen und macht Vorschläge, wie Kinder mit ihrer Trauer umgehen können.

www.gabriel-verlag.de